Friedrich Leopold Graf zu Stolberg

Die Insel

Friedrich Leopold Graf zu Stolberg

Die Insel

ISBN/EAN: 9783744650243

Hergestellt in Europa, USA, Kanada, Australien, Japan

Cover: Foto ©ninafisch / pixelio.de

Weitere Bücher finden Sie auf **www.hansebooks.com**

Die Insel

von

Friedrich Leopold Graf zu Stolberg.

Τὰ καλὰ ἐπὶ τοῖς ἀγαθοῖς.

Das Schöne zum Guten.

Platon im zweiten Alkibiades.

Leipzig,
bei Georg Joachim Göschen.
1788.

Vorrede.

Diese wenigen Blätter enthalten Träume, und werden manchem eher viele als wenige scheinen; denn Träume sind einmal nur Träume, dazu Träume eines Wachenden! —

Ich darf indessen erwarten, daß mancher Leser sich meine Träume, vielleicht gar mir nachzuträumen, werde gefallen lassen, und wenn ihm das Vergnügen macht, so bereue ich die Mittheilung dieser Ideen nicht.

Ihr aber, deren nächtliche Lampe Völker erleuchtet, deren Zeit und Arbeit der Welt viel zu unentbehrlich ist, als daß ihr euch einen Traum im Wachen erlauben solltet, gehet, o gehet leise, vor den Träumenden vorbei, ohne sie unfreundlich aufzuschrecken. Sehet uns an wie Nachtwandler, die man in ihrem Wahnsinn nicht stören muß. Wir wollen auch eure archimedischen Sandkreise nicht stören; wollen nicht einen Halm euern Aeckern entwenden, sollte er auch — wie doch so selten der

Fall ist — einmal über die Umzäunung, welche eure Vorweser aus dürren Dornreisern flochten, hervorragen.

Und ihr, die ihr mit gleicher Größe über die nächtliche Lampe des Philosophen, und über die Johanniswürmchen des Parnassus hinwegschauet, ihr, denen das Wohl der Staaten, an deren Steuer ihr bisweilen — einschlaft — viel zu sehr obliegt, als daß ihr Muße haben könntet von der Menschen Glückseligkeit zu träumen, habet Mitleiden mit unsrer Schwäche!

Viele Meere trennen von euch das Inselchen, in welchem ich mir und einigen Freunden Lauben gegen die Last und die Hize des Tages gepflanzet habe. Wenn wir träumen, so träumen wir in unserm Eigenthum.

Seid milde, wie andre Frohnvögte, die den fremden Wandrer ruhen lassen, wenn auch dem Landmann, welcher euch zu fröhnen die Ehre hat, kein Mittagsschlummer gegönnt wird.

Erstes Buch.

Die
Gespräche des Sophron
mit seinen Freunden.

Gott hat den Menschen aufrichtig gemacht, aber sie
suchen viel Künste.

Prediger Salomo Kap. VII. v. 30.

I.

Sophrons Vater, den ich Eubulos nenne, war einer von den wenigen Menschen, denen der Wunsch ganzer Länder einen Thron bestimmen würde, die aber aus Neigung weder herrschen noch dienen, aus Grundsätzen und Neigung lieber Einem dienen, als dieser Eine herrschende seyn möchten.

Die Natur hatte seinen großen und thätigen Geist mit Scharfsinn und Kraft gerüstet; eine gute Erziehung bildete diese Anlagen, sie bis zu Weisheit und Tugend veredlend. Wahre Gottesfurcht belebte früh sein schönes Herz, erweichte ihn für die Leiden andrer, stählte ihn gegen vielfältige eigne Leiden, denen seine Seele nimmer, sein Körper spät erlag.

Als Jüngling widmete er sich dem Dienste seines Vaterlandes, nicht aus Ehrgeiz, sondern aus Selbstverläugnung, und im mitleren Alter seines Lebens war er der erste Minister eines mächtigen Fürsten Teutschlands.

Bedarf es einer Erzählung wie ein solcher Mann — oder vielmehr wie der Fürst — fällt, der eines solchen Mannes entbehren will?

Er ward zweimal verabschiedet und wieder gerufen. Freunde verdachten ihm seine Bereitwilligkeit, aber Eubulos liebte sein Vaterland, und Ausübung der schwersten Pflichten war ihm desto heiliger, je mehr er sich bewußt war, daß kein andrer sie wie er erfüllen würde.

Ueberladen mit zweimal gehäuften, zweimal verworrenen Geschäften; im Kampf mit schlauen, mächtigen und schmeichelnden Feinden; wurden ihm durch abgedrungene Verantwortungen seiner Verwaltung die Stunden der Muße geraubt; und je sonnenheller dem Volke, das ihn Vater und Schuzengel nannte, seine siegende Unschuld erschien, desto lockerer wurde unter ihm der gefährliche Boden, auf dem er stand; er fiel — wie der Hof sich ausdrückte — in die Ungnade seines Herrn; nun stürmten seine Feinde gegen ihn, er ward ergriffen, und brachte die sieben lezten Jahre seines Lebens als Staatsgefangener in einem Thurm zu, selten von wenigen Freunden, täglich von seinem einzigen Sohne, wiewohl gegen ausdrückliches Verbot des Fürsten, besucht. Der Kommandant seiner Feste, ein abgehärteter Krieger, hatte Gehorsam gegen den Obersten, aber nicht Befolgung tyrannischer Befehle gelernt.

Im Kerker drückte Sophron seinem sterbenden Vater die Augen zu, umarmte den alten Kommandanten, rafte das Seinige zusammen, und verließ mit glühender Seele sein Vaterland.

Sophron war das Ebenbild des Eubulos, und seine ganze Erziehung das Werk seines Vaters, mehrentheils die Frucht der beiden ruhigen Epochen seines Privatlebens.

Auch während seiner lezten Staatsverwaltung, die ihm nur Augenblicke für den einzigen Sohn übrig ließ, zeigte er dem Jünglinge die Bahn, auf welcher er ihn nicht begleiten konnte, und hatte immer ein wachsames Auge auf seine Studia, seine Leibesübungen und Ergötzungen.

Mein Sohn, pflegte er lächelnd zu sagen, mag wohl noch einige Zeit mit Kork umgürtet schwimmen, ehe ich ihn nackt den wilden Wogen überlasse.

Aber vorzüglich ward der Thurm des väterlichen Gefängnisses eine Schule der Weisheit für den Sohn. Er brachte oft ganze Tage bei dem Vater zu. Durch einen heimlichen Gang, welcher aus dem Keller des Kommandanten in die tiefen Gewölbe des Thurmes, und aus ihnen durch einen engen Windelgang in das Kämmerlein des Eubulos führte, schlich ein Jüngling, der nicht zum Schleichen geboren war, in ein Gefängniß, welches ein Tempel der Musen ward.

Hier vollendete der Vater die Erziehung des Sophron. Weiser Unterricht floß von seinen Lippen, und sein Beispiel gab ihm Kraft.

Heiter im Kerker, voll der erhabensten und süßesten Zuversicht auf den Allliebenden, entbehrte Eubulos gelassen, oft froh, die süßesten Freuden des Lebens.

Mit einer Dankbarkeit, deren Glückliche selten fähig sind, genoß er durch die eisernen Gitter seines Thurmes, des seelenlabenden Anblicks einer Natur, deren Zugang ihm verwehrt war.

Er drängte sich mit warmen Herzen, und mit Augen, in denen es überlief, an sie an, und gewöhnte die kleinen freien Sänger aus seiner Hand Speise zu nehmen.

Diese fürchteten im Kerker des Tyrannen keine Nachstellungen, und sangen aus grünenden Zweigen Lieder der Freiheit, an denen die Empfindung des weisen Gefangenen Theil nahm.

Gespräche von Gott, von jenem Leben, oder von anderem, bald ernstem bald leichtem Inhalt, wechselten mit gemeinschaftlicher Lesung gewählter Bücher. Abwechselnd lasen Vater und Sohn, doch am oftesten dieser, die besten Schriftsteller der Alten und der Neuen. Jenen waren einige heitre Morgenstunden geweihet; diesen Stunden des Nachmittags. Auch für uns, sagte der Vater, soll die Morgenstunde Gold im Munde haben.

Bei Lesung der Dichter, besonders des Homers, ward oft der Jüngling so entflammt, daß seine Stimme lauter scholl als sie schallen durfte. Einige der Wache, die den schönen Klang der griechischen Sprache aus dem Munde des Jünglings hörten, hatten und verbreiteten den Wahn, daß höhere Geister den erhabenen Dulder in Stunden der Frühe besuchten. Der brave Kommandant lächelte, und widersprach ihnen nicht.

Während dieser Zeit entfaltete der poetische Genius des Sophron seine Flügel.

Der Vater hatte schon im Knaben dichterische Anlagen bemerkt und heimlich sich gefreuet. Sie entwickelten sich, als der Jugend weicher Flaum seine Wangen wie eine Pfirsche umzog. Die Alten hätten von ihm gefabelt, daß eine Muse den feinen Jüngling in stillen Hainen ihres Umgangs gewürdiget, und heilige Lieder ihn gelehret habe.

Ohne den Sophron etwas von seinen Hofnungen merken zu lassen, nährte Eubulos den göttlichen Funken. Mit in dieser Absicht hätte er ihn nach den schönsten Gegenden unsers Vaterlandes, der Schweiz, Italiens und Siziliens begleitet, wenn sein zweiter Beruf zu den Geschäften ihm nicht die Freiheit genommen hätte. Mein Sohn wird, dachte er, ein menschenfreundlicher Philosoph in den Alpen werden, und seine poetische Fackel am Aetna anzünden.

Der Wunsch, ihm diese Paradiese zu zeigen, ward dem Vater nicht gewährt, aber der Sohn erfreute sein Herz mit Gesängen, und verwandelte ihm oft das Gefängniß in ein Elisium.

Ohne zu wissen wohin er seine Reise lenken wollte, fand sich Sophron acht Tage nach dem Tode seines Vaters in Frankfurt am Main.

Am öffentlichen Tisch im rothen Hause aß er mit vielen andern, unter welchen ein junger Franzose war, der in der ersten Stunde sein Freund ward. La Riviere hatte seinen Abschied aus Kriegsdiensten genommen, weil er gegen die Korsen nicht fechten wollte.

Der Pflicht und der wahren Ehre hatte dieser junge französische Krieger den Schein der Ehre großmüthig aufgeopfert, und in Frankreich sein Glück verscherzt.

Den Nachmittag tranken er und Sophron edlen Rheinwein in der Laube des Gartens, und schwuren den Bund ewiger Freundschaft.

Was Sie nicht wollen, sagte Sophron, das will ich, nach Korsika gehen! Sein Freund verstand ihn. Gott geleite Sie! Ich begleitete Sie gern, aber gegen meine Landsleute fecht' ich nicht.

Sophron flog zu Pferde durch die schönen Gegenden am Rhein, durch die Schweiz, einen Theil Italiens, nach Livorno. Er stand im Hafen um sich ein-

schiffen zu lassen, als ihm begegnete — wer? — Passkal Paoli! —

Er erfuhr die Geschichte der Unterjochung von Korsika, die ein Brandmal unsers Jahrhunderts ist. Wie versteinert blieb Sophron stehen, den Blick auf die Wogen geheftet. Endlich stürzten zwo zürnende Thränen vor ihm hin. Er wandte sich, und ging in das erste Haus, welches Fremdlingen offen stand.

Ein Jüngling wie Sophron konnte und mußte Italien nicht bald verlassen. Er fühlte zwar sein Herz zu zerrissen, um den höchsten Genuß dieses so schönen, in jeder Absicht so interessanten Landes zu erwarten, aber er wollte deswegen nicht aus Gottes Garten gehen, weil ihm vielleicht, wegen Krankheit der Seele, einige Früchte weniger süß sein würden. Er wußte, wie viel Linderung er von dem Balsam hoffen dürfte, den die Natur ihren Lieblingen träufelt.

Er beschloß nicht nur die Oerter, welche fast alle Reisende besuchen, sondern ganz Italien zu sehen.

Seine ersten Reisen gewährten ihm weder den Nuzen noch das Vergnügen, welches er in andern Umständen hätte hoffen dürfen. Er konnte diese paradiesischen Gegenden nicht mit der Seelenruh ansehen, mit welcher er und sein Vater sich oft an der Landschaft um sie her, durch eiserne Gitter gelabt hatten.

Die Wunder der Kunst, welche Italien einigen fühlenden Seelen, vielen gaffenden Gecken oder kalten Kennern zeigt, gingen wie Bilder einer magischen Laterne seinem getrübten Blick vorbei.

Er kam nach Terni und sah den Wasserfall, der ihm schon in Virgils Beschreibung so schön gerauscht hatte. Aber was sind Beschreibungen der größten Dichter gegen das redende Wort der lebendigen Natur, gegen den Hauch Gottes *)?

Seine ganze Seele ward erschüttert. Die Sonne ging unter und mahlte Regenbogen im stürzenden Strom, deren Schönheit keiner kennet, der nur Regenbogen an den Wolken gesehn hat. Um ihn her schien die schweigende, hehre Natur mit ihm dem Donner der Wogen zu lauschen.

*) Est locus, Italiae medio, sub montibus altis
Nobilis, & fama multis memoratus in oris,
Amsancti valles. Densis hunc frondibus antrum
Urget utrimque latus nemoris, medioque fragosus
Dat sonitum saxis & torto vertice torrens.

Virg. Aeneid. VII. 563 - 567.

In Italiens Mitte, zwischen hohen Gebirgen,
Senkt sich, weit verkündet umher, das Thal Amsanktus.
Rund umschleußt es der Hain mit nächtlich schattendem Laube.
Hochher stürzt ein reißender Strom in die Mitte hinunter,
Mit gewirbeltem Strudel durch wiederhallende Felsen.

Diejenigen, welche mich hier eines Localirrthums beschuldigen möchten, verweise ich auf Addison's Reise. Mich wundert, daß neuere Ausleger des Virgils nicht die Beschreibung Italiens lesen, die ein Mann geschrieben hat, der mit dem Ruhm eines Dichters die feinsten Kenntnisse des Alterthums verband.

Süßes, unausſprechliches, nur Liebhabern und Lieblingen der Natur empfindbares Staunen ergrif ihn. So mag dem Pilger Kanaans zu Mute gewe= ſen ſein, als er ausrief: „Hie iſt Gottes Haus! hie „iſt die Pforte des Himmels!" *)

Er ſank hin und vergoß Thränen der ſüßeſten Wehmut und der höchſten Wonne.

Dieſer Augenblick war heilig, er war eine ent= ſcheidende Kriſis für die Geneſung vom Schwindel, in welchem ſeine Seele am Abgrund menſchenfeindli= chen Tiefſinns geirret war. Er ging ſpät in ein nahes Haus, miethete ſich ein Kämmerchen, weinte dem An= denken ſeines Vaters die erſten erquickenden Thränen, und blieb einige Monate an dieſem Orte ſeiner Ge= neſung, ohne Menſchen und ohne Buch.

Nun reiſ'te er mit neugeſtärkter, für alles Schöne empfänglicher, und wie Platon ſagen würde, mit em= pfangender, ſchwangerer, gebärender Seele. Er ſah mit Muße, als Liebling der Natur, als Bewunderer und Freund der Alten, als fein empfindender Kenner der Kunſt, Italien und Sizilien.

Die unſterblichen Schriftſteller der Alten begleite= ten ihn. Er verweilte einen Monat auf dem Aetna, wel= cher alle Schönheiten der Natur rund um ſich her, und auf ſich, verſammelt. Dann beſuchte er Griechenland, klein Aſien, Egypten, das gelobte Land. Wie er in

*) 1 Buch Moſ. XXVIII. 17.

Sizilien den Theokrit, an den Ufern des Skaman-
dros und in Ithaka den Homer gelesen hatte, so las
er, mit der seligsten Empfindung unsre heiligen Bücher im gelobten Lande.

Ein französisches Schif brachte ihn nach Marseille,
wo der französische Wiz noch nicht ganz dem alten Genius der griechischen Freiheit die Flügel gebrochen hat.

Nun besuchte er wieder die Schweiz, durchwandelte
sie ganz, und verweilte am längsten in den kleinen dä-
mokratischen Kantonen. Er verließ den Rheinfall bey
Schafhausen, um in Schwaben mütterliche Verwandte
zu besuchen, mit dem Vorsaz, sich nach seiner Rückkunft
an den Ufern des zürcher Sees niederzulassen.

In Kostniz erfuhr er durch einen kaiserlichen Offi-
cier, daß sein La Riviere in Freiburg im Brisgau wäre.
Sogleich reis'te er hin. Sein Freund, der eben auf
der Parade war, erkannte ihn gleich. Wer einen wahren Freund hat, kann sich allein dieses Wiedersehen
vorstellen.

Als Sophron ihn in Frankfurt verlassen hatte,
war La Riviere nach Wien gereiset. Er hatte der
Kaiserin Maria Theresia, mit wahrer Aufhüllung seiner
Denkungsart, seinen Arm angeboten.

Diese warhaftig große und gute Frau ehrte den
jungen Fremdling, und gab ihm eine Kompagnie.

La Riviere führte seinen Freund unter das gast=
freundliche Dach eines Weisen in der Nachbarschaft,
wo diese drei ein Kleeblatt ausmachten, dergleichen die
Welt nicht viele aufweisen kann.

Acht Tage brachten sie mit einander zu, und gelobten
sich ein frohes Wiedersehen.

Sophron fand unter seinen Verwandten einen Greis,
den er gleich als einen zweiten Vater ehrte. Wo ich
ihn, pflegt er oft zu sagen, gefunden hätte, in den Oel=
wäldern von Provence, in den Ruinen von Sirakus,
oder in dem Schatten der Zedern auf dem Libanon, da
würde ich sein Schüler geworden seyn. Er fand an diesem
sanften und geistvollen Greise so viele Aehnlichkeit mit
dem weisen Numa Pompilius, daß er ihn immer Numa
nennet.

Hohes Alter hatte seine ansehnliche Größe nicht
gebeugt, hatte den Wein seines feurigen Geistes mil=
dernd veredelt.

Je älter er ward, je mehr gewöhnte sich auch sein
sinnliches Auge gen Himmel zu schauen. Uns Greisen,
sagte er, thut die Sonne wohl! Seine Seele war schon
im Himmel, doch besuchte sie gern den Dürftigen. Er
war der Witwen Beistand, der Waisen Vater, der
Leidenden Tröster, der Rathbedürftigen Rath, der
Zweifelnden Licht, und aller Beispiel.

Er hatte den schimmernden Kreis der menschlichen
Weisheit, wie Klopstock *) von Phlegon sagt, fast
*) Messias, Ges. X.

ganz gemessen, ohne geblendet zu werden von irdi=
schem Licht.

Von seinem sechzigsten Jahre an hatte er wenig
gelesen. Man sollte doch endlich, sagte er, dahin kom=
men, daß man sich an der Bibel und an der Natur ge=
nügen ließe. Unmäßigkeit ist Unmäßigkeit, und Nüch=
ternheit des Geistes geziemt dem Alter. Wenn er indes=
sen mit Jünglingen und Männern sprach, so entströmte
auch die Quelle seiner irdischen Weisheit ihren Tiefen,
aber in ihr spiegelte sich der Himmel.

Zwo Enkelinnen, Töchter seiner frühgestorbenen
einzigen Tochter, waren die Freude seines Alters. Gott
hat, sagte er am ersten Tage seiner Bekanntschaft zu
Sophron, Gott hat den Abend meines Alters mit die=
sen beiden schönen Sternen geschmückt. Die blonde
Psüche, welche der Greis Psücharion zu nennen pfleg=
te, und Eucharis mit Kastanienlocken, waren schöne
Töchter der Natur, mit schönen Seelen.

Unter dem Segen des Numa knüpfte die Liebe das
schöne Band, welches Sophron und Psüche mit ein=
ander vor dem Altar vereinigte. Und ein halbes Jahr
nachher hatte jener die Freude, auch seinen La Riviere
glücklich zu sehen in den Armen der Eucharis.

Ihr lieben Kinder, sagte der Greis, wie verschö=
nert ihr mir die Abendröthe des Lebens! Euch verlas=
send werde ich aus einem Himmel in den andern gehen.

Er hatte noch die Freude, den Erstling der Pſüche über den Taufſtein zu halten.

Ein ſanfter Tod beſchlich unvermuthet ſeinen Freund. Sie waren lange Vertraute, es bedurfte des Anmeldens nicht.

Sephron drückte dem Numa die Augen zu, ehe die andern wußten, daß er krank wäre. Er hinterließ ihnen Segen des Himmels, ſein heiliges Andenken, und hinlänglichen Unterhalt, um die ganze Erbſchaft ſeiner Waiſen, Witwen und Kranken übernehmen zu können, deren Segen auch auf ſie kam.

Heiliger Greis, mit Rührung winde ich dieſen Kranz um deine Urne! Vielleicht theile ich einſt noch einige deiner Geſpräche meinen Leſern mit.

In der ſüßeſten Eintracht leben ſie ſeit zehn Jahren, treue Exekutoren des großväterlichen Teſtaments. Sie thun viel mit wenigem, und wiſſen, daß es nicht des Beutels eines Sir Charles Grandiſon bedarf, um viele glücklich zu machen; wiſſen, was ſo vielen Reichen verborgen bleibt, daß das Geld kein Alexanderſchwerd in den Händen des Beſitzers iſt, um die verwickelten gordiſchen Knoten ſo mancher menſchlichen Noth zu zerhauen *); wiſſen, daß es edlere Güter giebt als Ver-

―――――――――――――――――――――――――――

*) Als Alexander auf ſeinem perſiſchen Feldzuge in Gordium, einer phrügiſchen Stadt, ankam, zeigte man ihm einen Wagen, um welchen ein Band von Kornelrinde geſchlungen und in einen Knoten geknüpft war, den niemand hatte

mögen, daß Menschen Bedürfnisse der Seele haben, und daß ein Wort, geredt zu seiner Zeit, einen Leidenden erquicken kann, wenn die Schätze beider Indien ihm Koth auf der Gasse sind.

Ihre Wohnungen liegen in einer sehr schönen Gegend an der Donau. Sie sehen sich fast täglich. Eine kleine Insel mit Wald bedeckt, die Lieblingsstäte des Numa, gehört ihnen gemeinschaftlich. Sophrons liebste Beschäftigung ist die Bildung einiger Jünglinge, die alle Sonnabend Nachmittag aus der Nachbarschaft zu ihm kommen, und den Sonntag bei ihm bleiben. Er führet sie gern auf seine Insel. Hier wandelt noch, sagt er, die Egeria, die meinen Numa besuchte. Wir wollen suchen uns ihrer Begeisterung werth zu machen. Wenn sie seine Weisheit bewundern, oder sich an der Flamme seiner Poesie erwärmen, sagt er ihnen bald ernsthaft: Das habe ich von Numa gelernet bald lächelnd: Dieses Lied hat Egeria mir zugesungen *).

lösen können, wiewohl eine Sage dem Lösenden die Herrschaft der Welt verhieß. Alexander zerhieb ihn mit dem Schwerd, zugleich Knoten und Räthsel lösend.
S. Plutarch im Alexander.

*) Egeria, eine Waldgöttin im Lande der Sabiner. Die Alten sagten, Numa habe seine Weisheit aus ihrem Umgange geschöpft.
Plutarch im Numa Pompilius.

II.

Schon seit einer Stunde erwartete Sophron seine Jünglinge, und hatte sich in den Schatten eines Ahorns hingeworfen, der am Stege des Baches stand, über den sie alle gehen mußten, wiewohl sie von verschiednen Seiten her zum Stege zu kommen pflegten. Er empfand sehr lebhaft, daß dieselbe Philosophie, die bei Unglücksfällen standhaft erhält, uns oft bei kleinen Anlässen zur Ungeduld verlasse, und warf sich einigemal mit einer Lebhaftigkeit von einer Seite zur andern, über die er selber erröthete. Ein edler Mann erröthet auch wenn er allein ist. Es gleiche, fiel ihm ein, die Philosophie gewissen Aerzten, welche den gefährlich Krankenden mit Rath und That eifrig beistehen; dem lauernden Uebel bis in seine geheimsten Quellen nachspüren; bald aus der Galle, bald aus den Adern, den bleichen oder entflammten Unhold jagen, und die rosenwangige Gesundheit in ihre gereinigten Size zurückführen: in kleinen Unpäßlichkeiten aber den Leidenden sich selber, daher auch oft wahren Schmerzen, überlassen. Doch gestand er sich zugleich, daß es nur darauf ankäme, die menschenfreundliche Weisheit zu rufen, um Hülfe zu erlangen; daß man bei diesem Arzte nie Gefahr laufe ihn nicht zu Hause, oder mürrisch zu finden; ja, daß der bloße Wunsch nach ihr sie mit unsichtbarem Zauberstabe herbei bringe.

B

Durch diese Vorstellungen fand sich Sophron, gleich einem Hippochonder durch Zerstreuung, von seiner dämmernden Laune befreit, und das sanfte Tageslicht seiner gewöhnlichen Ruh erfüllte sein Herz, als lautes Reden der freudigen Jünglinge sein Ohr überraschte.

Sie hatten sich alle das Wort gegeben, erst La Riviere zu überfallen; hatten ihn mit liebenswürdiger, jugendlicher Gewalt gezwungen, mit ihnen zu Sophron zu gehen, weil er ihnen einigemal vorher nicht Wort gehalten hatte. Nun führten sie ihn in lautem Triumph, seiner Folgsamkeit spottend, für welche ihre Herzen ihm doch so dankbar waren. Hier komme ich, rief La Riviere dem Sophron zu, wie der trunkne Silen, von schalkhaften jungen Faunen überwältigt. Es fehlte nur, daß sie mich mit Blumenkränzen auf den Esel gebunden hätten!

Bravo, ihr lieben Jünglinge! rief Sophron: euer Fang ist mir willkommen. Hättet ihr doch auch Frau Silena und die Fäunlinge mitgebracht! Diesen wollen wir sichern! Haltet den Schalk nur fest, wir wollen an die Donau gehen und ihn hinüber in unsre Insel bringen, wo er uns nicht entwischen soll.

Ich liebe, dachte Sophron, die Laune eines Franzosen, wenn sein Geist, wie des La Riviere, trunken ist von Deutschem Wein!

Hüpfend, wie junge Böcke, führten die Jünglinge ihn an den Nachen, und zwangen ihn selber nach dem

Ort seiner Gefangenschaft hinzurudern, daß ihm der Schweiß auf der glatten Stirne glänzte.

Er bedurfte wirklich der Ruh als sie hinkamen. Sie lagerten sich unter das helle Frühlingsgrün überhangender Buchen an den schönen Strom, in dessen anspülenden Wellen sie einige Flaschen acht und vierziger Rheinweins kühlten.

Ich möchte wissen, fragte der junge Hilaros, ob unser Gefangner in ganz Frankreich eine solche Insel, einen solchen Strom aufweisen könnte?

Einen solchen Strom? erwiederte La Riviere; einen solchen Strom, wie hier in Schwaben die Donau? Wenn ich euch vom Rhone, von der Loire, endlich von der Garonne erzählte?

O, versezte Hilaros, die Erzählungen von der Garonne sind alle verdächtig! Wer kennt nicht das Talent der Herren Gascogner im Wunderbaren? — Aber euch, ihr Herren Deutschen, würde selbst zu Fabeln diese Donau hier wenig Stof geben; sie ist noch ein Kind. — Aber ein schönes, hofnungsvolles, mächtiges Kind, sagte Sophron; spotte des Riesenknaben in der Wiege nicht! Du hast den Jüngling in Wien, ich habe den Mann da gesehen, wo er wie ein Titan mit den Wogen des schwarzen Meeres kämpft! Hier freue ich mich seines freundlichen Lächelns. Siehe wie die beiden Ufer so schön sind! Hier die Weinberge, dort unter ho=

B 2

hen Pappeln der Mühlenbach, weiter hin der schöne
Wald, und an seiner Spize, von den Wellen der Donau
genezet, die freundliche weiße Hütte, in der Ferne die
hohen Gebirge! Oft auch seh' ich den wachsenden Wo=
gen im Geist, von jener Seite der Insel, bis an die
Mündung des Stromes nach! Welcher Fluß rollet, wie
dieser, seine Wasser der aufgehenden Sonne entge=
gen? — Deine Garonne, sagte Hilaros, läuft vor ihr,
und stürzet sich, ohne Zweifel mit vielem Geräusch, aber
fliehend, ins Meer.

Ei was! sagte La Riviere, alle Ströme sollen le=
ben! Wo ist der acht und vierziger? Sie tranken ihm
auf's Wohl der Garonne zu, und er trank freudig mit
ihnen auf der Donau und der Insel Wohl!

Unterdessen sank die Sonne, und die laute Freude
der Jünglinge senkte sich mit ihr, denn süßere Empfin=
dungen erfüllten ihre Seelen. Es war ihnen, wie allen
reinen Herzen bei diesem täglichen Schauspiel ist, als
sähen sie es das erstemal.

Wie sich um Adam die Thiere versammelten; als er
jedem seinen Namen gab; der zahme Löwe wölbte den
Rücken wie ein liebkosendes Käzchen, und der bunte
Pardel leckte seine Knie: so sammelten sich um die flam=
mende Sonne Wolken mit wechselnder Bildung, in
welchen die Phantasie der Jünglinge bald Löwen, bald
Drachen, bald fliegende Fische sah. Die höheren waren
blau, mit glänzendem Silber umsäumt, indessen Pur=

pur und Gold der sonnennäheren auch das entfernte, von blendender Weiße schwellende Gewölk, mit ihrem Widerschein schmückten.

Die Sonne tauchte sich in feurige Wogen des Stroms, und Schauer der Abendluft erhuben noch ihren scheidenden Glanz auf der Welle die ans Ufer schlug. Kühler und kühler wurden die Lüfte mit dem fallenden Thau, und erinnerten an die Stunde der Heimfahrt. Doch war der Abend so schön! Die gesunkne Sonne bestralte noch das hohe schuppichte Gewölk. Siehe, rief feurig der junge Kallias, das Panzerhemde des Gottes der Heerschaaren! Man beschloß, noch einmal um die Insel, und dann nach Hause zu rudern.

Alle waren von Herzen vergnügt, und schwazten jugendlich, indessen Sophron den Blick auf die Wellen heftete, und den langen Wasserzügen der Ruder bis hin an die Insel nachsah. So kamen sie, vom Abendstern, der am westlichen Himmel auf Rosen weidete, begleitet, an Sophrens friedsame Wohnung, wo die freundliche Psüche ihre Gäste empfing, und mit ihr die frohe Eucharis.

Heimlich hatte Psüche die Schwester ihres Herzens abgeholt.

III.

Der folgende Morgen ward theils der weiblichen Gesellschaft gewidmet, theils dem gemeinschaftlichen Lesen.

Sie lasen den Philoktetes des Sophokles, und empfanden lebhafter als je den rührenden Abschied dieses Helden von der einsamen Insel, auf welcher er gleichwohl mancherlei Noth und brennende Schmerzen gelitten hatte.

Lemnos hin, Lemnos her! rief La Riviere, ich rühme mir unsre Insel! Es ward beschlossen, den Nachmittag wieder hinzurudern. Als sie da waren, entspann sich folgendes Gespräch.

La Riviere. Platon *) nennet den Dichter ein leichtes, geflügeltes, heiliges Geschöpf. Ich möchte hinzusezen, ein träumendes.

Sophron. Gilt mir das?

La Riviere. Wie er da im Grase liegt, stumm und Sauerklee kauend, wie Nebukadnezar!

Wie er gestern im Nachen der Insel nachsah, als wären wir die Griechen, die diesen Thaseus aus Naxos gerissen hätten, und seine Ariadne jammere aus Felsenhölen ihm nach!

*) Im Jon.

Kallias. Vielmehr nahm er eine unsichtbare Ariadne aus der Insel mit. Ich sah den Augenblick, in welchem er sie haschte. Er holte sie aus den Fluten der Donau, indem wir den Löwen und Drachen am Himmel nachjagten. Heraus mit ihr, Sophron! Zwar sind wir leichtfertige Jünglinge, aber sehen dürfen wir sie doch wohl!

La Riviere. Voilà ce que c'est! er hat eine Sirene gefangen! wir wollen sie singen hören.

Sophron. Singen? schwerlich. Zum wenigsten so bald nicht. Uebrigens läugne ich nicht, daß ich, wie die Tochter Pharaos, etwas lebendiges aus dem Schilfe nahm, aber nicht ein fremdes, wiewohl ein verlornes, seit meiner Jugend fast vergessenes Kind. Es ist versäumt worden, und bedürfte wohl der Erziehung. Wollen wir uns sein annehmen?

La Riviere. Wir wollen sehen!

Kallias und Hilaros. Sehen! Sehen!

Glaukos. Sehen!

Kophos. Ich verstehe nicht wovon die Rede ist.

Sophron. Haben wir nicht alle den Robinson gelesen?

La Riviere. Kallias. Hilaros. Glaukos. O ja!

Kophos. Ist das nicht das Buch, was Vater jezt lies't?

Glaukos. Nicht doch! Das ist Robertsons Geschichte der Königin Maria von Schotland.

Sophron. Als Kind ward mir unaussprechlich wohl auf seinem einsamen Eilande. Im Schloßgarten war eine kleine Schwaneninsel, ich ließ mich an einer kleinen Fähre hinüber, und spielte den Robinson. Einst schwamm mir mein schwarzer Wachtelhund nach. Das ist Freitag! rief ich froh aus, und seitdem hieß der treue Fido Freitag. Die Eindrücke sind mir geblieben. Im Laurenzer See, im Kanton Schwyz, sind zwo schöne kleine Inseln. Auf jeder lebte ein Einsiedler, sie leben wohl noch da. Der eine ließ, wie man mir erzählte, in stiller und frommer Einsamkeit die Wunden einer unglücklichen Liebe ausbluten. Mit klopfendem Herzen ließ ich mich hinüber rudern; aber er war eben an das jenseitige Ufer gefahren, um milde Gaben einzusammeln. Ich sah mit gerührter Theilnehmung seine Laube, sein Gärtchen, seine kleine Kapelle.

Den andern fand ich. Dieser schien nur einer feisten Trägheit in seiner Einsamkeit zu genießen.

La Riviere. Deine Empfindungen sind wohl die Empfindungen fast aller gefühlvollen Seelen. Diese fühlen manchesmal das Bedürfniß der Einsamkeit. Wie singt der fromme Lavater?

Sophron. Nur die Einsamkeit umschattet
    Sanft mit Kühlung meinen Geist,
    Wenn er trostlos und ermattet
    Sich Geliebten selbst entreißt. —

La Riviere. Auch ist etwas großes und schmei-
chelndes in der Idee, sich über kleine Bedürfnisse weg-
zusezen, und in vollkommner Einfalt und Freiheit zu leben.
Noch jezt haben diese Vorstellungen Reiz für meine Phantasie; aber Ahndungen süßerer Freuden geben ihnen
schon im Jünglinge eine andre Richtung, als im Knaben, und die Erfahrung des Mannes giebt ihnen wieder eine bestimmtere Richtung, als die Jugendpoesie des
Jünglings.

Kallias. Erzählungen von Einsiedlern haben immer lebhaft auf mich gewirkt.

Sophron. Wer kann sich süßer Thränen enthalten bei der Beschreibung des Alfonso, in Wielands
Oberon?

La Riviere. Aber man weint auch süße Thränen
der Freude bei Amandas Entbindung vom kleinen
Hüonet. Der Mensch weiß nicht was er will. Er liebt
Einsiedeleien, und möchte doch auch gar zu gern seine
Amanda haben, und seinen Hüonet, und mit der Zeit
eine Amandine für diesen, und dann Hüonettinetten
und Amandinetten, und so weiter.

Sophron. In der moralischen Welt, wie in der
physischen, sind die meisten Widersprüche nur scheinbar.

Auch die Magnetnadel unsrer Wünsche hat ihre bestimmte Richtung, selbst dann, wenn wir die Ursache nicht kennen. Der anscheinende Widerspruch, von dem wir izt reden, scheint mir leicht zu heben. Gern möchte der Mensch in ungestörtem, vertrautem Umgang mit der Natur leben, und dabei die süßesten Freuden des — o hilf mir zu einem Worte! das Wort ge sellig ist mir verhaßt geworden, denn jede Menschenherde, die einer Geißel gehorcht, nennen unsre modernen Weltweisen, (ja wohl Welt weisen!) eine Gesellschaft.

La Riviere. Ich verstehe dich. Der Mensch möchte gern freier Sohn der Natur bleiben, und dabei Vater, Ehmann, Bruder, Freund, in der vollen Bedeutung der Worte sein; möchte in diesen Verhältnissen nicht die reinen Freuden der Einfalt und der Freiheit verscherzen; Freuden, welche wahre Weisen und Philosophen aller Zeiten hochschäzten, für welche denn aber freilich jene Weltweisen keinen Sinn haben.

Kophos. Ich meinte, Weltweisen wären Philosophen, oder Weisen?

Sophron. Der Weise, oder Liebhaber der Weisheit, (denn das ist ja der bescheidne Sinn des schönen Wortes Philosoph) ist ein Pilger, der das Land der Wahrheit sucht. Er gehet leicht in Einfalt gekleidet, und mit ernstem Schmachtriemen der Enthaltsamkeit gegürtet, achtet weder Hize noch Frost, weder Hunger noch Durst, weder Tadel noch Lob.

Sein Kopf ist keine Encyklopädie, aber in seinem Herzen glüht die Flammenschrift: Dulde, und enthalte dich! *)

Auf seinem Wege findet er heilsame Wurzeln, Früchte, die ihm Kraft geben, und Wasser, das aus Felsen stürzt. Und er findet das Land, das er begehret, es sei nun, daß er schon im Leben darauf fuße, oder daß Freund Hain ihn hineinführe durch ein dunkles Pförtchen. Der Weltweise bleibt wo ihm wohl ist, schlägt seine Bude auf, und verkauft Landcharten, auf welchen ein Land fein gezeichnet ist, bunt gemahlet, mit saubern Kartuschen ausgeziert, und Land der Wahrheit genannt wird. Wiewohl keine dieser Landcharten der andern ähnlich sieht, findet doch das Machwerk reißenden Abgang. Es ist so bequem, mit dem Stift auf der Charte zu reisen! Auch wollen die Menschen Veränderung, und bezahlen jede Neuheit gern. Es ist leicht, manchem gleich abzuhören, auf welcher Charte sein Stift zuletzt gereiset ist. Und es wissen auch diese Stiftpilger von Beschwerlichkeiten des Weges zu erzählen.

La Riviere. Laß sie fahren! — Und führe uns näher zu deiner Idee! Ist er nicht glatt wie ein Aal, und entfleucht, wenn man ihn schon zu halten glaubt?

*) διεχε και απεχε.

Sophron. Lieben Freunde, wollet ihr mit mir einen Traum träumen, der mich ergözet, und vielleicht auch euch ergözen wird?

Auch Träume kommen von Zeus ja! sagt Homer. *)

Kallias. Für die Träume deiner Muse sind wir ganz Ohr.

Sophron. Die Egeria der Insel hat ihn mir eingegeben. O daß wir, dachte ich gestern, so wie wir hier sind, mit Psyche, Eucharis und den Kindern, auf einer kleinen Insel, vieles vergessend, und von der ganzen Welt vergessen, **) in froher, freier, frommer Einfalt leben könnten!

Hilaros. Ich bitte mir eine Amanda aus, Plaz zu einer Hütte für Hüonetten und Amandinen, und eine Heva für jeden dieser Herren, damit ihre Besuche mir nicht zu gefährlich werden.

Sophron. Das gehört zu meinem Plan. Ich will meine lieben Jünglinge nicht zu Kapuzinern machen. Diese Insel würde also bald zu klein sein; ich schuf eine Insel im Meer, oder entdeckte eine.

Kallias. Hier Hand und Herz, Sophron! ich gehe mit dir!

*) —————— Και γαρ τ' οναρ εκ Διος εςι.

Il. A. 63.

†) Oblitus illorum, obliviscendus et illis!   Hor.

Kophos. Ist Ihnen, La Riviere, etwas ins Auge gefallen?

La Riviere. Es ist nichts.

Glaukos. Wo soll die Insel liegen?

Sophron. Zwischen dem 30sten und 40sten Grad. In diesem Himmelsstrich sind der Menschheit zarte Pflänzchen zu Bäumen gediehen, deren Schatten die Erde kühlt, deren Früchte wir noch genießen.

Glaukos. Wie groß soll sie sein?

Sophron. Ich träume sie gern so groß als möglich; ich denke auf künftige Zeiten, und Träume sind freigebig.

Glaukos. Und wie kommen wir hin?

Hilaros. Ei, da ist was zu fragen! ich bin schon da!

Sophron. Ohne Amanda?

Hilaros. Ich kann auch träumen.

Sophron. Zwanzig oder dreißig Freunde mit guten Weibern —

La Riviere. Voilà le Diable! Zwanzig oder dreißig Freunde! Zwanzig oder dreißig gute Weiber!!

Kophos. Und Knechte, und Mägde.

Hilaros. Und Kammerdiener, und Maitre d'Ho=

tel, und Friseur, und Confitürier, und Köche, nicht wahr, Kophos?

Kallias. Und Bratenwender, und Bettwärmer, und Kaffeebrenner, und Puderquasten, und Tortenpfannen, und Poudre a la Marechalle, nicht wahr, Kophos?

Sophron. Lieben Jünglinge, keine Neckereien! Daß wir keinen Menschen zur Bedienung mitnehmen, versteht sich von selbst. Nicht herrschen und nicht dienen, sagte der weise Otanes, das sei der Eckstein unsrer Glückseligkeit!

Kallias. An welchem ich mit Freude so manche nothwendig scheinende Bequemlichkeit, so manchen Tand, und das ganze Marktschif eitler Größe scheitern sehe!

Glaukos. Fange mit der Beschreibung deiner Insel an.

Sophron. Ich stelle sie mir Eiförmig vor, etwa wie Sardinien. In der Mitte hohe Gebirge, mit ewigem Schnee bedeckt, unten mit Eichen, ächten Kastanien, Buchen, Eschen, Ahornen, auch Lärchen; weiter oben mit Zedern, Tannen und Fichten beschattet. Zwischen diesen Wäldern und den weißen Gipfeln grasige Weiden. Aus den schneeigen Höhen entspringen Ströme, die reißend stürzen, Felsen und Tannen wälzend. Diese Ströme schwellen von zahllosen Bächen, werden sanft fließende breite Flüsse, und vermischen sich mit dem Weltmeer. Die Küste besteht mehrentheils aus Erdzungen und Meerbusen, und hat einige weit vorragende Vorgebirge. Ueberhaupt ist das Land ziemlich bergig, und reich an hohen Viehweiden. Die Thäler sind von sehr großer Fruchtbarkeit. Sehr hohe Berge sind nur in der Mitte. Ueberall die lebendigste Abwechslung von Höhen, Tiefen, Wäldern, Ebnen, Strömen und Landseen.

Wir halten unsern Entschluß geheim.

Glaukos. Du armer Kophos!

Sophron. Ihr Jünglinge, übet euch von morgen an im Klettern, um Matrosendienste auf dem Schiffe zu thun. In Holland kaufen wir von unserm lezten Gelde ein Schif; La Riviere steuert uns hin.

Glaukos. Was nehmen wir mit?

Sophron. Vor allen Dingen nervige Arme und Beine. Auch für den Anfang Eisengeräth, Schaafe und Ziegen, Federvieh aller Art, und einige Hunde. Sie sind Freunde des Menschen, würden uns treulich folgen, warum sollten wir sie zurücklassen? Als Wächter werden wir ihrer hoffentlich nicht bedürfen, aber wohl als Gefährten auf der Jagd.

Kallias. Keine Pferde?

Sophron. Weder Pferde noch Rinder.

Kophos. Warum nicht einige Kühe?

Hilaros. Und eine Eselin, mein lieber Kophos!

Kallias. Wie kannst du scherzen, wenn man uns die Pferde nimt?

Sophron. Geduld, Geduld, lieben Jünglinge! Ihr sollt mit mir zufrieden sein; aber wir nehmen weder Pferde noch Rinder mit.

Hilaros. Rennthiere werden wir zwischen dem 30sten und 40sten Grad doch gewiß nicht finden!

Kallias. So gürte mich, o Sophron, mit dem Schmachtriemen der Enthaltsamkeit, damit ich meinen Hunger nach Pferden betäube.

Sophron. Geduld! was das betrift, sollst du mit mir zufrieden sein!

Hilaros. Ich glaube wir sollen, wie jener Graf auf dem Turnier, Hirsche reiten.

Sophron. Warum nicht fliegende Fische? So könnt ihr durch Luft und Wasser reiten.

Aber es wird kalt, Jünglinge, und Kophos hat den Schnupfen. Es ist Zeit daß wir heim rudern. Sonnabend sehen wir uns wieder!

Hilaros. Und träumen den schönen Traum weiter.

Sophron. Ja, aber hier auf der Insel! Nur hier flüstert mir meine Egeria.

IV.

Keine Woche hatte noch den Jünglingen so lang ge=
schienen wie diese. Sie, besonders Kallias, nahmen
einen enthusiastischen Antheil an der idealischen Insel des
Sophron. Der feurige Jüngling ward nicht nur durch
süße Träume in sie hineingeführt, sondern täuschte sich
auch wachend mit der Hofnung, einen Plan auszu=
führen, welcher für ihn so voll des lebhaftesten Rei=
zes war.

Glückliche Jahre der Jugend, wenn der leichte
Schmetterling dem Raupenstande kindischer Beschränkt=
heit sich entwunden hat, und von Blume zu Blume
fleugt! In edlen Naturen währet dieser Zustand lang,
wie der Frühling in glücklichen Himmelsstrichen.

La Riviere nahm Theil wie ein Jüngling an den
Phantasien seines Freundes, und an den entflammten
Wünschen der Jünglinge; er kannte aber zu wohl die
wirkliche Welt, als daß er die tausendfältigen Verhält=
nisse, die uns umschlingen, hätte übersehen können; Ver=
hältnisse, deren Druck er seit zehn seligen Jahren nicht
gefühlt hatte, nun aber zum erstenmal wieder anfing leise
zu empfinden. Nicht so, daß ihn die Sehnsucht nach
einer unerreichbaren Glückseligkeit beunruhiget hätte,
aber doch lebhaft genug, um sich gern dem Ideenstrom
des Sophron zu überlassen, auf welchem seine, dem

C

Freunde verwandte, schöne Seele, mit Wolluſt ſich zu wiegen begann.

Die Jünglinge nahmen wieder einen Umweg, um ihn' mit ſich zu nehmen; aber früher als ſie war der Mann bei Sophron. Zum erstenmal ward ihnen der ſchöne Weg nach der Inſel lang; ſie ruderten, als ob ſie ſchon Beſiz vom Eilande des Ozeans nehmen wollten.

Kallias. O wie glücklich könnten die Menſchen ſein! Aber, wie der edle Orpheus ſingt : *)

Neidendes, ſchwarzes Gewölk umhüllet der Sterblichen Sinne,
Daß ſie den blumigen Pfad zu den Auen der Tugend nicht wallen!

Wie glücklich und wie rein könnte das Leben edler Men=ſchen in einer ſolchen Inſel ſein! Hier läge deine Hütte, dort die Hütte des La Riviere, in einer Felſenhöle wollte ich mich zwiſchen euch lagern, Ruhe ſollte mein Bette ſein, und Unſchuld meine Decke! O Sophron! La Riviere! habt ihr nicht Männer=Weisheit? Haben wir nicht Ju=gendkraft? Werden in Gottes weiter Welt nicht zwan=zig Jünglinge wie wir, nicht zwanzig gute Mädchen ſein? Oder haben auch die beſten Menſchen Augen, die gen Himmel ſchauen, und einen Geiſt, der mit den niedrigen Füßen in den Sumpf des Weges einſinkt?

*) —— ἀλλα σφιν νεφελη πραπιδεσσι κελαινη
Αμφιπεριπλαθεισα, βαδιζομεν ἀνθεμεεντα
'Εις ἀρετης λειμωνα πολυσεφανον τε μεγχιρει.

Ορφ. λιθ. πρ. 79 - 81. pag. 300. edit. Geſneri.

Hilaros. Wären wir nur zwanzig Jünglinge, wir zögen mit Gewalt, wie neulich den La Riviere, die beiden Männer samt Weibern und Kindern uns nach. Gute Mädchen sollten wohl mit uns ziehen!

Sophron. Geduld, Geduld, ihr Flammenkinder! Ueber die Ausführung nachher! Erst müssen wir mit der Insel, und mit unserm Leben auf der Insel bekannter werden.

Kallias. Was brauchen wir mehr zu wissen, um die heißesten Wünsche zu hegen, als daß wir mit dir und Psüche, mit La Riviere und Eucharis, in einem Paradiese leben, euch ähnlich werden, und Weiber haben sollten, die sich, im Schooße der Natur, nach Psüche und nach Eucharis bilden würden? Die mächtige Zeit reißet Geschlechte der Menschen und Reiche mit sich dahin; wir würden die alte goldne Zeit aus der Höle der Vergangenheit hervorrufen, und mit Blumenbändern an unsre Hütten binden. Tugend und Freude sollten sie bewachen!

Sophron. Tugend und Weisheit würden ihr die Flügel beschneiden, lieber Jüngling, in welchen sie ihre Kraft hat, wie der blinde Held Israels in seinen Locken. So lange wir sie hielten, würde ihre Tochter, die Freude, unter uns wohnen. Aber wir müßten wohl auf unsrer Hut, Weisheit und Tugend, ihre Wächter, müßten immer wacker sein, sonst wüchsen ihr die Flügel schnell,

und scheidend würde sie die Grundpfeiler unsrer Glück=
seligkeit stürzen.

Kallias. Von einer nie irrenden Weisheit, einer
nie gleitenden Tugend, kann unter Sterblichen nicht
die Rede sein. Aber so helläugig, als menschliche Weis=
heit, so sicher und holdselig, als menschliche Tugend sein
kann, würden beide in einer kleinen Schaar von Men=
schen sein, welche, von aller Verfolgung und Zerstreu=
ung frei, ungestört dem Schönen und dem Guten nach=
jagen könnten.

Sophron. Wollen wir bloß, oder hauptsächlich
auf uns, nicht auch, und hauptsächlich auf unsre Nach=
kommen sehen?

Kallias. Auch, und hauptsächlich auf sie.

Sophron. Unser Plan umfaßt also nichts gerin=
gers als die Erziehung eines neuen Menschengeschlechts.

Kallias. Und wer wäre dazu fähiger als du?
Hast du nicht die Kunde der Menschen und Zeiten zur
Führerin?

Minos, Lykurgos, Numa und Solon waren außer=
ordentliche Männer an Weisheit und Adel der Seele.
Ich will dir nicht schmeicheln, aber drei große Vorzüge
würden die Umstände dir geben.

Sophron. Nicht mir, sondern uns. Aber welche?
Du theilest ein, und scheinest der Sache nachgedacht
zu haben.

Kallias. Erstlich, hättet ihr, du und La Riviere, (von uns Jünglingen kann hier die Rede nicht
sein) Vorzüge der Wissenschaft, Vorzüge der Erfahrung. Zweitens, konnten diese große Männer nicht
ein Ideal reiner Weisheit und Glückseligkeit vor sich
haben. Sie wurden, mehr oder weniger, durch die Umstände der Zeit, durch Vorurtheile ihrer Mitbürger,
endlich durch umherwohnende, handelnde und üppige,
oder kriegerische und feindselige Völker, auf Verfassungen eingeschränkt, welche nicht vollkommene Glückseligkeit, sondern nur erreichbare Vortheile verhältniß-
mäßiger Glückseligkeit zum Zweck haben konnten. Drit-
tens, fehlte ihnen die wahre Religion, mit ihr das
reine Ideal von menschlicher Würde, menschlicher Bestimmung, menschlicher Glückseligkeit; das höchste Ideal
des wahren Schönen, des wahren Guten.

La Riviere. Und doch, was haben sie gewirkt!
(*) Ich staune immer beim Gedanken, daß die Spartaner, in der Zeit, als sie während der Persischen Kriege

---

*) La Crete & la Laconie furent gouvernées par ces loix;
(nehmlich des **Minos** und des **Lykurgos**) Lacédémone céda
la dernière aux Macédoniens, & la Crete fut la dernière
proie des Romains. Elle défendit pendant trois ans ses
loix & sa liberté, & fit plus de résistance que les plus
grands Rois. Les Samnites eurent ces mêmes institutions,
& elles furent pour les Romains le sujet de vingtquatre
triomphes.

Montesquieu Esprit des Loix, Liv. IV. Chap. VI.
Dritter Absaz, Text und Note.

Epoche in der Geschichte machten, noch so rein und edel
nach den Vorschriften ihres Stifters handelten. Leoni=
das und seine Heldenschaar fielen den gewählten, gewis=
sen Tod, vier hundert Jahr nach Lükurgos.

Ihre Grabschrift ist das schönste Lob seiner Geseze.
Die Amphiktionen, diese Vorsteher des ganzen Grie=
chenlandes, ließen sie ihnen sezen. Sie ist vom Dichter
Simonides:

Wandrer, sag es in Sparta, wir sind im Streite gefallen,
   Haben gehorsam erfüllt unseres Landes Gesez. *)

Sophron. Das zeigt freilich, welche Wurzeln
eine gute Verfassung schlagen, welche Früchte sie tra=
gen könne!

Kallias. Noch einen großen Vortheil hättet ihr.
Lükurgos war in Gefahr, sein Leben, oder viel=
mehr Sparta war in Gefahr, diesen erstaunenswer=
then Mann zu verlieren, weil seine Geseze die wilden
Triebe niedriger Leidenschaften dadurch, daß er den
Gebrauch des Geldes aufhub, (denn so wie er ihn
einschränkte, war er in der That fast ganz aufge=
hoben), aus blutenden Herzen von Männern rissen,
die einer andern Lebensart gewohnt waren. Ihr hät=

*) Ω ξειν' αγγειλον Λακεδαιμονιοις ότι τηδε
   Κειμεθα, τοις κεινων ρημασι πειθομενοι.
                        Herod. Polümnia. CC. XXVI.

S. meines Bruders Uebersezungen aus dem Griechischen.
S. 298.

tet Kinder zu bilden, die eurigen und künftige. Zu den ersten rechne ich auch uns.

Sophron. Lieber La Riviere, theile unsern jungen Freunden die weise, schöne Anmerkung mit, welche gestern deine Eucharis machte; eine Beobachtung, nach welcher sie und meine Psüche vom Anfang an ihre Kinder erziehen.

La Riviere. Erst izt werd ich inne, daß diese Anmerkung aus dem Born der Menschenkentniß geschöpft war, aus welchem alle große Geseßgeber schöpften. Sie sagte: Unsre erste Sorge muß sein, der Gelegenheit zur Unart zuvorzukommen. Man muß nicht nur mit Ueberlegung gebieten und verbieten, sondern hauptsächlich darnach trachten, daß der Gebote und Verbote so wenig als möglich sein. Die meisten Mütter veranlassen durch zahllose Gebote und Verbote zahllose Unarten, und verdienen die Ruthe mehr, als ihre so oft gestraften Kinder.

Sophron. So sehen wir in den meisten neueren Verfassungen, und desto sichtbarer, je mehr sie an Despotie gränzen, den gänzlichen Mangel einer wahren Legislazion. Daher die zahllosen Geseze, Verordnungen und Supplemente zu den Verordnungen, welche oft den erstern widersprechen. Gleich einer verdrießlichen Hofmeisterin, (denn wer wollte hier, wo es am wenigsten paßt, wiewohl es so oft gebraucht wird, das Beispiel von Eltern hernehmen?) weiß eine solche Regierung nur

Zwang an Zwang zu ketten, verwickelt sich selbst in den Banden, mit denen sie die zu Sklaven gewordnen Unterthanen fesselt, und glaubt jede Unordnung durch Strafen wieder gut zu machen.

Aber die Ruthe des Zuchtmeisters ist keine Zauberruthe, und aus ihren dürren Zweigen sprossen Früchte der Ordnung nicht. Nur das Böse kann sie zurückhalten, wenn sie im Nothfall gebraucht wird, und mit Weisheit.

La Riviere. Eine gute Legislazion ist simpel organisirt, und mit Weisheit berechnet.

Könnten menschliche Dinge vollkommen sein, so würde ich sie einem Pepetuum-mobile vergleichen. Da aber dieses im Politischen so unerreichbar als in der Mechanik ist, so muß man dahin streben, daß die Maschine des Nachhelfens so wenig, so selten als möglich, bedürfe. Wahre Philosophie kann es hierin sehr weit bringen. So vielfältig auch die Erscheinungen in der moralischen Welt sind, sind sie doch Resultate menschlicher Leidenschaften und Vorstellungen, die wahren Weisen nicht unbekannt sein können.

Sophron. Je weniger die Menschen unnöthig und willkürlich eingeschränkt werden, je weniger auch Vorurtheile und eingebildete Bedürfnisse die Einschränkungen nothwendig machen ; desto natürlicher handeln sie, und desto einfacher ; desto natürlicher und einfacher können und werden auch die Geseze sein. Man vergleiche die Geseze der glücklichen, freien, unschuldigen Schweizer in den demokratischen Kantonen mit den Gesezen der Monarchien.

La Riviere. Aber sind nicht die türkischen Geseze weit simpler als die Geseze unsrer Länder? Und sind nicht gleichwohl die Türken Sklaven gegen die Unterthanen christlicher Monarchen?

Sophron. Freilich. Denn bei ihnen ist gar keine Legislazion. Der Sultan ist Despot. Seine Baßen sind zitternde Sklaven und fürchterliche Tyrannen. Zahllose Befehle vertreten die Stelle zahlloser Geseze, oder vielmehr eben so vieler Ungeseze, weil sie für den einzigen Fall gegeben werden, auf welchen man sie anwendet. Also beweiset ihre Verfaßung, die eine Nichtverfaßung zu heißen verdienet, (und nicht nur die ihrige!) auch für meine Meinung.

Um bei deinem Gleichnisse zu bleiben, so wäre das Ideal einer Verfaßung ein Perpetuum-Mobile. Eine gute Verfaßung, wie sie zu erreichen ist, wäre einer vortreflichen Uhr gleich, die nur sehr selten, durch leise Bewegungen, aufgezogen, viel seltner gestellt würde. Die meisten Verfaßungen gleichen elenden Kuckucksuhren, welche zweimal des Tages aufgezogen, und öfter, nicht nach dem Lauf der Sonne, sondern nach der Laune des Wächters gestellt werden, oder des Kochs.

Kallias. Und einige einem Bratenwender, den ein Hund in Bewegung erhält.

Sophron. Die unsrige so simpel und zureichend, das ist so vollkommen als möglich zu machen, wäre unser Zweck; der Geseze so wenige als möglich zu haben, und dasjenige so rein als möglich zu erhalten, was allein den Gesezen Leben giebt.

Hilaros. Das wäre?

Sophron. Gute Sitte.

Kallias. Was frommet eitle Sazung ohne Zucht? sagt Horaz *).

Sophron. Erinnerst du dich, was der Scythe Anacharsis zum Solon sagte?

Kallias. Er verglich die Geseze mit Spinnegeweben, in welchen kleine Insekten gefangen werden, welche größere Thiere unverlezt zerreißen.

Sophron. Solon war sich sehr wohl bewußt, daß seine Geseze nur eine verhältnißmäßige Vortreflichkeit erreichen konnten. Ich gebe sie, sagte er, so gut als die Athenienser sie tragen können. Er fand nicht ein Zeitalter wie des Lykurgos. Und so weise hatte er nach den Bedürfnissen, nach der Empfänglichkeit seines Volks, die Geseze entworfen, daß Athen, nach manchen Veränderungen, belehrt durch Unglück, wieder zu seinen Ideen zurückkommen wollte, als es zu spät

*) Quid leges sine moribus vanae proficiunt?

war *). Alle Gesezgeber können viel von ihm lernen; auch die freien Römer bildeten ihre Verfassung nach der seinigen. Wir aber müßten nach einem höheren Ziele streben; unser Völkchen müßte frei von den Mängeln sein, welche die Athenienser besserer Geseze unfähig machten. Alles kommt auf die Bildung, auf die Sitten an. Soll uns, darf uns da irgend ein Opfer zu groß scheinen?

Kallias. Völlige Gleichheit des Standes und des Vermögens würde unsre Insulaner reiner Glückseligkeit fähig machen. Nicht wahr?

Sophron. Diese zwiefache Gleichheit ist unentbehrlich, ist auch bei Vertheilung neuer Besizungen natürlich; ist aber noch nicht hinreichend.

Kallias. Den ersten Geschlechten würde weise Erziehung nicht fehlen. Bei edler Freiheit und Sitten-

*) Im zweiten Jahr der 94sten Olimpiade. S. Meiners Geschichte der Wissensch. in Griechenland und Rom; 2ter Th. S. 323. Sehr wenig neue Schriftsteller haben mit solchem wahren philosophischen Geist, verbunden mit tiefer Kenntniß und unermüdetem Fleiß, aus den Alten geschöpft, wie Meiners. Uebrigens ist hier nur von der politischen Verfassung Athens die Rede. Solons Civil-Geseze blühten noch zur Zeit des Cicero. Prudentissima civitas Atheniensium, dum ea rerum potita est, fuisse traditur. Ejus porro civitatis sapientissimum Solonem dicunt fuisse, eum qui leges, quibus hodie quoque utuntur, scripserit. V. Orat. pro Rosc. Amer. num. 70.

einfalt würde die Kinderzucht immer gleich bleiben, oder doch langsam ausarten.

Glaukos. Würden nicht Sittenaufseher, wie die Censoren der Römer waren, jedem Anfang der Verderbniß steuern?

Sophron. Es war ein großer Gedanke der Römer, Censoren zu bestellen, als die Sitten schon begannen etwas von der alten Reinheit abzuarten. Früher würde diese Würde mehr geschadet haben als genuzet. Alles hat seine Zeit. Das unentbehrlich gewordne Feigenblatt mußte, so unzureichend es auch jezt sein würde, den ersten Verfall der Menschen bezeichnen. Früher hätte sein Säuseln die schüchterne Unschuld geschreckt, oder sie in schwärmende Träumereien eingelullt, die ihr gefährlich werden müssen. Es ist weise, Censoren zu bestellen, weise, viele gute Geseze zu haben. Dieser wenig zu bedürfen, jener ganz entbehren zu können, wäre noch weiser. Weisheit aber und Tugend, oder gute Sitte, sind Eins.

Glaukos. Aber wie schwer würde es sein, diesen hohen Grad der Sittenreinheit einzuführen?

Sophron. Mit dem Einführen ist es eine mißliche Sache. Noch unverdorben, sind die Menschen weiches Wachs in des Bildners Hand. Das Umbilden ist eine schwerere Arbeit, welche oft der leisesten und warmen Hand des weisen Künstlers mißlingt. Wir müßten, so sehr das Menschen möglich ist, fromme, von allem Hurenschmuck falscher Weisheit entkleidete, nur mit dem Feigenblatt der Schamhaftigkeit gezierte Sittenreinheit mitbringen; müßten jedes ihr drohende, auch nur zweideutige Lüftchen, von uns und unsern Nachkommen, wie verderbenden Pesthauch, zu entfernen suchen.

Gleich wie Flüchtlinge, die ein Land, in welchem die giftige Seuche wütet, mit Weibern und Kindern verlassen, vor allen Dingen, ehe sie in ein andres Land ziehen, sich und alles, dessen sie nicht entbehren können, in lautern Quellen waschen, oder durch die Reinigung des Rauches gehen lassen; alles entbehrliche aber — und wie vieles muß solchen nicht entbehrlich scheinen — so lieb und nüzlich es auch ihnen war, von sich werfen und verbrennen; so müßten auch wir unsre Seelen reinigen von allen Vorurtheilen gröberer und feinerer Ueppigkeit. Kenntnisse müßten uns entbehrlich werden, welche hier uns nüzlich und angenehm, ja, wofern wir unsers Leben froh werden wollten, nothwendig waren.

Lernen würden wir diese Entbehrung, auch sie nicht feige bejammern, wenn uns wirklich mehr um Einfalt und wahre Weisheit, als um Tand und Veränderung zu thun wäre.

Kallias. Ich merke wohl, du streifest unsern Seelen allen Schmuck der Wissenschaften bis aufs Hemde ab, um uns als wahre Athleten der Tugend kämpfen zu laſſen.

Sophron. Es iſt ein großer Kampf, ſagt Platon, welcher es entſcheidet, ob ein Mann gut oder böſe wird *). Glaubt ihr, daß es geringes Kampfs erfordre, gemeiner Selbſtverläugnung, wenn man das Gold unſrer Natur von allen Schlacken, die es umgeben, ſäubern, und in einen Tempel bringen will, in welchen nichts unreines gehört?

Hilaros. Ich meinte, die Wiſſenſchaften veredelten unſre Seelen? — Denn auch mir ſcheineſt du darauf auszugehen, (wiewohl durch Umwege, damit wir nicht zu plözlich erſchrecken ſollen), die Wiſſenſchaften, wie ein von böſem Peſthauch angeſtecktes Gewand, dieſſeits des Meeres zu laſſen.

Sophron. Irret nicht, lieben Kinder! Die Wiſſenſchaften ſind edel und gut, ſtärken und nähren die Seelen ihrer Geweiheten, führen ihre Lieblinge auf grüne Auen, bewahren ſie dadurch vor ſumpfigen Abwegen und Irren. Aber, ſelbſt indem ſie die Geſchlechte der Menſchen veredeln, nehmen auch ſie zu viel vom Geiſte der Jahrhunderte an, als daß ſie könnten unbefleckt bleiben. Weisheit ward entartend Wiſſenſchaft;

*) Μεγας γαρ ὁ ἀγων, μεγας, ἐχ ὁσος δοχει, το χρηϛον ἠ χαχον γενεϑαι.

Platon im 10ten B. der R. P. Vol. VII. pag. 310. Edit. Bipont.

Wissenschaft wird entartend Wisserei; diese bedarf nicht zu entarten, um Aberwiz zu werden — Hiervon ein andermal — Aber sehet ihr nicht ein, daß Gleichheit das erste Bedürfniß unsers Inselvölkchens sei? Und haltet ihr etwa Ungleichheit zwischen den Gelehrten und Ungelehrten für minder drückend, als Ungleichheit der Geburt und des Vermögens? Oder sollen unsre Inselbewohner alle Gelehrte sein? die Herden sich selber weiden? die Aecker Früchte tragen, unbene2et von unserm Schweiß? Denke dir, o Hilaros, eine Republik von Gelehrten, wofern sie möglich wäre, und sage mir, ob du ein Mitglied derselben zu sein begehren würdest?

Glaukos. Von Klopstocks Republik der Gelehrten haben wir dich mit so vieler Wärme reden gehöret.

Sophron. Und werdet, hoffe ich, mit eben so vieler Wärme von diesem herrlichen Buche sprechen, so oft von tiefer Weisheit, in lebender Allegorie dargestellt, die Rede ist.

Klopstocks Republik der Gelehrten ist Allegorie; ich rede von einer wahren Republik, in welcher jeder Bürger ein Gelehrter wäre, und frage, ob einer von euch ein Mitglied derselben sein möchte.

Hilaros. Ich wahrlich nicht, so lieb mir meine Ruhe ist. Gegen einen solchen Staat würde ein polnischer Reichstag ein Friedenstempel sein. Aber eben so wenig möchte ich in bäurische Unwissenheit versinken, und die ganze Seele, wie die Pflugschar, in den Acker senken.

Sophron. Daß der Bauer oft sich mit ganzer Seele in die Erde, die doch um seinetwillen, und wahrlich nicht er um ihretwillen, geschaffen ward, versenket, das ist eben eine Folge, und die meist drückende Folge der Ungleichheit. Er müßte mit Weib und Kind verhungern, wenn er nicht weit mehr aus der Erde holte, als er für sich und die Seinigen bedarf. Nähret er nicht seinen Fürsten, des Fürsten Hofgesinde, und sein stehendes Heer? Nähret er nicht oft einen drückenden Edelmann, dessen immer wachsende Bedürfnisse der Hoffart, der Ueppigkeit, des Vorurtheils, er befriedigen soll? Nährt er nicht, in manchen Ländern unsers Deutschlands, die Hälfte, und mehr als die Hälfte seiner Knechte, seiner Rosse und Rinder, für des Edelmanns Frohn? Nährt er für sich allein die Stärke seines Arms? Nährt er nicht fremdes Wildpret auf seinen Aeckern, und oft in seiner Hütte den Jagdhund, an dessen Wohlstand dem hohen Eigenthümer mehr gelegen ist, als an dem Wohl einer ganzen Famile? Wird er nicht mit siebenfältiger Verantwortung zum Hüter des Baumes gesetzt, dessen Wurzel sich aus seinem kleinen Garten nährt, dessen Krone seinen kalten Acker beschattet?

So vielfältig von Menschen gedrückt, muß er dennoch gegen zürnende Elemente kämpfen, unter einem

nordischen Himmel; und vier harte Monate lang starret ihm die Erde, eisern vom Frost.

Unser Inselbewohner lebt ein Gleicher unter Gleichen. Unter einem milden Himmel bauet er einen ergiebigen Boden, welchem er nur leichter Bedürfnisse Befriedigung abfodert, für sich, sein Weib, seine Kinder und sein Vieh. Sein sind die Früchte des Bodens, den er mit gesundem Schweiße netzt; sein die Stunde der Ruh im Schatten seines Baums! Ihm stürzt der Hirsch, getroffen von seinem Geschoß; und die Traube der Rebe, welche sich um seinen Ulmbaum schlinget, röthet sich für ihn!

Jede leichte Mühe trägt ihm reiche, ungetheilte Frucht.

Kallias. Ich empfinde sein ganzes Glück; das Glück seiner Muße ist nicht das geringste: aber wie wird er die Zeit dieser Muße anwenden?

Sophron. Mangel an Arbeit macht einen Theil der Menschen zu elenden Weichlingen. Ueberlast der Arbeit, macht den größten Theil zu mühseligen Fröhnlingen. Beide werden des Lebens nicht froh. Bei uns soll jeder arbeiten, jeder die Süßigkeit der Ruhe nach der Arbeit genießen; Muße genug haben, um sich seines Daseins zu freuen, genug der Beschäftigung, um

D

nicht die freien Kräfte der Seele, wie gedrückte Vasallen, zum Kampf gegen die Langeweile, diese immer wiederkehrende, Stunden-verwüstende Feindin, aufbieten zu dürfen.

Kallias. Entreiße uns der ängstenden Erwartung. Willst du uns die Wissenschaften wie die Pferde nehmen?

Sophron. Was die Pferde betrift, wirst du, ich hab' es dir schon gesagt, mit mir zufrieden sein. Von den Wissenschaften nehme ich uns, vielmehr unsern Nachkommen, nur die mühsamen Gerüste; die wahrhaftig großen Resultate nehmen wir mit uns, und überliefern sie ihnen treu. Statt aller moralischen Bücher, wollen wir uns mit Reinheit der Sitten beheifen; und gesunde Vernunft allen Kompendien der Logik und Metaphysik vorziehen. Der Zweck der Philosophie ist Ruhe der Seele und Tugend. Lasset uns diese suchen, und nicht glauben, daß Menschen eines goldnen Jahrhunderts, wofern je ein goldnes Jahrhundert gewesen ist, eine Akademie der Wissenschaften vermißt haben.

Mich däucht, ich sehe Fragezeichen auf den Gesichtern eines jeden von euch; und Kallias, der im Anfang bereit war alles zu verlassen, scheint nun im Kampfe mit sich selber, zwischen den Fleischtöpfen Egyptens und den Trauben Kanaans zu sein.

Kallias. Zum wenigsten werde ich nicht, wie der Esel *) jenes Philosophen, aus Verlegenheit über die Wahl, zwischen zwei Distelfeldern verhungern.

La Riviere. Ich folge con amore deinen Ideen, o Sophron, auch in dem, was die Wissenschaften betrift; aber haben sie nicht unsre Sprachen mit einem Reichthum von bekleideten Vorstellungen geschmückt, welcher wahrer Luxus, schädlicher Luxus, für unsre kleine Kolonie sein würde? Und die Sprachen nehmen wir ja doch mit.

Sophron. Welche Zuversicht giebt mir die Uebereinstimmung deiner Gedanken mit den meinigen!

Kallias. So viel wittere ich schon, daß wir uns auf Eine Sprache werden einschränken sollen.

La Riviere. Welche denn freilich wohl die deutsche sein würde. Sehet, liebe Jünglinge, ich thue mehr als ihr, ich entsage meiner Muttersprache!

Kallias. Nun ich dachte es wohl! ich soll mir die Sprache der Halbgötter und der Musen, dich, süße

---

*) Ich erinnere mich nicht, welcher sogenannte Philosoph es war, der, die Freiheit des menschlichen Willens läugnend, einen Esel seinem Beweise zu Hülfe rief, welcher seiner (des Philosophen) Meinung nach zwischen zween gleich großen, gleich nahen Säcken Heu, aus Verlegenheit der Wahl verhungern würde.

Sprache Hellas! *) soll ich mir nehmen lassen! dich, und also deinen Homer!

O könnte ich nur meinen kleinen Wetsteinischen Homer mit mir aus diesem Schifbruche retten! Zwei kleine, winzige Bändchen! jedes, um mich wie ein ächter Insulaner auszudrücken, so groß wie ein kleiner Schaafkäse.

Sophron. Das Opfer des La Riviere ist nicht klein. Alles büßet der Mensch fast lieber ein als seine Sprache. Und doch — o schöne Sprache von Hermanns Volk, Sprache Luthers und Klopstocks, begeistre mich, theure Mutter, zum Abschiedsliede, welches ich dir singen möchte!

Hilaros. Wie? Was? Sollen wir der größten Gabe Gottes, der Sprache, entsagen? mit unsern Ziegen und Schafen zu Schafen und zu Ziegen werden?

Sophron. So unsinnig bin ich nicht.

Kallias. Sollen wir meinen Homer retten? griechisch reden?

Sophron. Ueberrede die Weiber, wenn du kannst.

La Riviere. Es ahndete mir etwas von deiner Idee. Du meinst, mit der deutschen, eurer Muttersprache, würden wir einen zu großen Reichthum von Ideen, die uns fremde werden sollen, mit uns hinüber nehmen. Ist das nicht dein Gedanke?

*) Hellas, Griechenland.

Sophron. Kein andrer; das Kind muß lallen eh' es spricht.

Kallias. Bei allen Musen und Grazien, das ist strenge! Nicht nur bis aufs Hemde ziehest du uns aus, du streifest uns auch die Haut mit der Muttersprache ab! Aber wähle die griechische, und ich bin zufrieden.

Sophron. Nicht die griechische, wiewohl ich sie für unendlich viel schöner halte, als alle die ich kenne. Nicht die lateinische, die auch sehr schön ist. Beide kennen wir nur durch Bücher, beide sind gelehrte Kenntnisse für uns, gehören daher noch weniger in die Insel als unsre Muttersprache.

Ich würde die italiänische vorschlagen. Sie ist sehr schön, edel, lieblich, leichter Umbildungen fähig. Sie begünstiget die Organe von Bewohnern eines sanften Himmelsstrichs. Unsre nordische Sprache ist gestimmt für unser nordisches Klima.

Die Schriften der Italiäner sind sehr schön, besonders ihre Dichter. Aber diese Dichter unsern Kindern der Einfalt zu bringen, würde keinem von uns in den Sinn kommen.

Wir wissen diese Sprache (und das ist die Hauptsache) nur halb. Genug für unsre Bedürfnisse in der Insel! Mehr wäre für den Anfang zu viel!

Kallias. Das ist hart! barbarisch! tyrannisch!

La Riviere. Mich däucht, es sei sehr menschen-
freundlich; und Sophron läßt mehr als wir alle zurück, wenn er die deutsche Sprache nicht mit sich
nimmt.

Sophron. Sehet ihr denn nicht ein, daß wir mit
einer so ausgebildeten Muttersprache eine zahllose Menge fremder Ideen in unser Ländchen hineinbringen würden? Fliehend würden Unschuld und Einfalt ihren
Schäferstab fallen lassen, wenn diese Wölfe in unsre
Hürden einfielen.

Rechnet ihr es endlich für nichts, daß so viele Zeichen fremder Begriffe alle Originalität des Ausdrucks,
also auch der Empfindung, unter unsern Nachkommen
ersticken würden? Unter der üppigen Pracht seiner
Sprache würde der künftige Inseldichter schmachten,
wie der kleine David unter der eisernen Rüstung Sauls.
Wir wollen eilen, ihm einen leichten Stab zu geben, und
Kiesel aus dem Bach.

Kallias. Mit solchen vergleichest du die Sprache
der Italiäner? Ist Ariostes Sprache nicht sehr ausge-
bildet und sehr reich?

Sophron. Für uns aber, für uns, und zum drit-
tenmale, für uns, wäre die italiänische Sprache arm
und ungebildet, weil wir sie nur halb wissen. Sie
müßte sich erst in einigen Geschlechtern unter uns,
und durch uns, und für uns, umbilden, und zur

Inselsprache werden; zu einer armen, einfältigen, aber allmählicher Umbildung und Zuwachses fähigen Sprache.

So würden die geweiheten Männer unsers Völkchens, wahre Kinder der Natur bleibend, Originale werden. Und das heißet mehr als Gelehrte.

Aber lasset uns nach Hause eilen! Wir bedürfen weder der Warnung des Kalenders noch der Uhr, um zu fühlen daß es spät sei. Auch sagt es uns der Himmel.

V.

Kallias. Wohl uns, daß wir nervige Arme und Beine mit uns nehmen sollen! Sonst würde ich auch für diese fürchten. Wirklich, ich weiß nicht was du uns noch nehmen kannst, da wir die Muttersprache zurück lassen.

Sophron. Etwas das noch schwerer von uns zu trennen ist als selber die Muttersprache.

Kallias. Ich verstehe dich, Sophron. Tausend und tausend Bedürfnisse und Vorstellungen. Ich rede von scheinenden Bedürfnissen des Geistes. Verachtungswerth wäre der Jüngling, dem außer den wahren Naturbedürfnissen, andre, den äußern Menschen angehende, wichtig scheinen könnten!

Sophron. Lasset uns den Blick von dem, was wir hinter uns lassen, abwenden, und auf das schauen, was vor uns liegt, auf daß wir, nach reifer Erwägung beider, im Stande sein mögen einen Entschluß zu fassen, der für uns und unsre Nachkommen so wichtig sein soll.

Hilaros. Ehe du die kleine Kolonie einschiffest, sage uns, welche Menschen wir zu Mitbürgern annehmen wollen, welche nicht. Einer strengen Wahl bedarf es ohne Zweifel; denn sind sie einmal in der Insel, so müssen wir mit ihnen leben, und sie mit uns, wir oder sie mögen wollen oder nicht.

Sophron. Es bedürfte freilich einer genauen Prüfung. Indeſſen würde die Zahl derjenigen, welche Luſt hätten mit uns zu ziehen, nicht ſehr groß ſein. Alle furchtſame, weichliche, in ungleicher Ehe gepaarte, (denn wir würden keinen Mann mitnehmen, der ſein Weib zurück laſſen, oder ihm zu folgen zwingen wollte,) alle die an zarten, unzerreißbaren Banden mit andern Menſchen, die größre Zahl derer, die an Vermögen, Bequemlichkeiten & cet. cet. cet. hingen, blieben ohnedem zurücke. Viele, die wir gern mit uns nähmen, würden ihren Büchern nicht entſagen wollen; kurz, faſt jeder würde von ſeiner Delila — dieſe Delila möchte nun als Delila oder als Muſe erſcheinen — in Banden zurück gehalten. Daß wir keinen, den die Verzweiflung, Armuth, Mangel an irgend einem Gut oder Scheingut zu uns führten, mit uns nähmen, verſteht ſich von ſelbſt.

Und von ſelbſt auch, daß wir keinen, der nicht wahrhaftig edel, weiſe und ein Chriſt wäre, annehmen wollten. Ein Vorſaz, welchen auch die neumodiſchen Tolerantiſten nicht mit ihrer gewöhnlichen bittern Untoleranz anflügeln dürften.

Denn das iſt ja wohl ausgemacht, daß eine entſtehende, freie Geſellſchaft, befugt ſei, alle von der Aufnahme auszuſchließen welche ſie wolle. Es wäre widerſinnig, wenn auch wir Chriſten einer Kolonie von Ungläubigen, Spinoziſten, Atheiſten, eben dieſes Recht

absprechen wollten, wiewohl ich gestehe, daß ich nicht
ohne Schauer an eine Gesellschaft, welche aus solchen
bestünde, denken kann; eine Gesellschaft, die mir jener
Verwirrung von blinden, gegen einander strebenden
Kräften ähnlich scheinet, aus welchen das Chaos, nach
einiger Philosophen Meinung, soll bestanden haben,
ehe auf den Ruf des Schöpfers diese ordnungsvolle
Welt, mit allen ihren göttlichen Harmonien aus dem
Schooße der alten Nacht emporstieg.

Nach diesen Einschränkungen hätten wir unter Wenigen noch eine strenge Sichtung zu übernehmen.

Aber wäre nicht das natürlichste, kein Mitglied auf-
zunehmen, welches nicht die Stimme aller schon gewählten für sich hätte? Sowohl um unsrer Wahl desto sicher
zu sein, als auch um uns des Gedankens zu freuen, daß
nicht einer der Unsern gegen einen der Unsern das
geringste auf dem Herzen trüge, sondern alle, wie eine
Familie liebender Geschwister, entschlossen wären alles
zu verlassen, um in süßer Herzenstraulichkeit mit einander zu leben, wenn Wogen des Ozeans uns trennen
würden von der ganzen Welt.

La Riviere. Die erste Neuheit der Sache würde
viele Liebhaber herbeirufen, aber wenn ihnen der ganze
Entschluß nackt vorgelegt wäre, würden sie bald aus
einander laufen. Zu diesen rechne ich unsre Nachbarin,
welche so gern in einer Gesellschaft von Bekannten, in

ihrer Einsiedlei am Landwege, die Freuden der Einsamkeit rühmt.

S o p h r o n. Erinnert ihr euch der dreihundert
Streiter Gideons?

H i l a r o s. Die Geschichte schwebt mir dunkel vor
dem Sinn.

S o p h r o n. Mit 32000 Israeliten war Gideon
gelagert im Gebirge Gilead, um gegen die Midianiter
zu kämpfen. Gott befahl ihm, ausrufen zu lassen: Es
solle jeder Blöde und Verzagte sich bald aufheben vom
Gebirge und heim kehren. Da huben sich auf 22000.
Gott aber sprach: Des Volks ist noch zu viel, führe
sie hinab ans Wasser, ich will sie dir daselbst prüfen.
Welcher mit seiner Zunge des Wassers lecket wie ein
Hund, den stelle besonders, desselbigengleichen welcher
auf seine Kniee fällt zu trinken. Da war die Zahl derer,
die gelecket hatten aus der Hand zum Munde, 300
Mann; das andre Volk hatte knieend getrunken. Und
der Herr sprach zu Gideon: Durch die dreihundert, die
gelecket haben, will ich euch erlösen, das andre Volk
laß alles gehen an seinen Ort.

Wie wohl dem Gideon mag gewesen sein! Diese
Helden waren es, die des Nachts, mit Posaunen und
Fackeln und Geschrei: Hie Schwert des Herrn und Gi-
deon! Midian in die Flucht schlugen *).

*) Buch der Richter, Kap. VII.

Kallias. (Er schöpft aus der Donau mit der Hand, und leckt stehend.) Siehe Sophron, ich bin der dreihundert einer!

Sophron. Unser würden weniger sein, aber welches Häuflein Freunde und Freundinnen!

La Riviere. Ein Vorschmack des Himmels ist in der Idee.

Sophron. Alles was zum wahren Wohlsein des Lebens gehört, würden wir in der Insel finden; aber für die ersten Jahre müßten wir uns mit Vorrath mancherlei Art versehen, mit Samen aller Arten Früchte, Obstes und Gemüse.

Auch wollten wir die lieblichen Geschlechte der Blumen aller Art mit uns hinüber nehmen, auf daß wir auch nicht Eine in der Insel vermissen. Diese, und jede unschuldige Freude, gehört in unsern Plan.

> Tugend und Freude
> Sind ewig verwandt,
> Es knüpfet sie beide
> Ein himmlisches Band!

singet Vater Gleim.

Männer und Weiber würden verschiedne Arbeiten lernen. Auch Geräth der Art, als Weberstühle ꝛc. nehmen wir für den Anfang mit. Mit der Zeit würde solches alles in der Insel gemacht.

Stellet euch den großen Augenblick vor, in welchem wir ins Schif steigen! — Nun theilt der Kiel schon die Wellen; noch sehen uns so manche die knieend tranken, aber mit eben so fruchtlöser als flüchtiger Reue nach — nun entschwindet den Augen die vaterländische Küste.

Und wenn wir denn, nach Monaten, in der Ferne, einen kleinen Nebelfleck in der Luft entdeckten! nun die Schneegebirge unsrer Insel! nun ihre Felsengestade! Sie läge da wie ein Garten Gottes, in jungfräulichem Schmuck, unser gewähltes Land! unsrer Kinder Vaterland! O welche Ahndungen der süßesten irdischen Glückseligkeit würden sanft uns anwallen! Wir würden Weib und Kind herzen! jeder den andern als Bruder und Schwester umarmen, mit Thränen der Wonne! O meine Freunde, das Herz gehet mir auf, wie sich eine Blume dem frühen Morgenstral öfnet — dem kalten Hauch der wirklichen Welt wird sie sich wieder schließen —

Ich stelle mir vor, daß wir gegen Abend, an der Insel östlichen Seite, den Anker auswürfen. Wir hätten Mühe, die Jünglinge zurückzuhalten; dich, Kallias, bind' ich an den Mast, wie den Odüsseus, daß du nicht springest in die Wogen, um gleich hinüber zu schwimmen.

Vom Widerschein der Abendröthe glänzte der Himmel, und würfe schwächere Schimmer auf die Schneegebirge, die sich aus der Mitte der Insel zwischen grünenden Alpen erhüben, bis der rothe Vollmond aus dunkelblauen Wogen hervorbebte. Unter den Sternen brachten wir die Nacht zu, und einer zeigte dem andern den gezähmten Bären, der dort nicht wie hier über unsre Scheitel träte.

Beim ersten Morgenroth führen wir mit schnellen Rudern ans Land, und würfen uns im Antliz der aufgehenden Sonne auf die Kniee ans Ufer, den preisend, der der Sonne auch uns zu leuchten gebot, der sie am stralenden Himmel, uns auf ungemeßnen Fluten, an Banden der Liebe gegängelt hätte.

Würde nicht dieses erste Morgengebet auf unsrer Insel, mit Düften der Frühe, dem großen Vater angenehm emporsteigen? Würde es nicht von Geschlecht zu Geschlecht gefeiert, und mit reinen Lippen noch nach Jahrhunderten besungen werden?

In einer Gegend, die ich nachher beschreiben werde, würden wir die Bezirke unsrer Hütten, Gärten und Felder abstecken. Die ersten Nächte brächten Weiber und Kinder im Schiffe zu, bis einige Zelte aus den Segeln aufgeschlagen wären. Nun rudern wir an das Schif, und ziehen es mit Gewalt ans Ufer. Mit gemischter Empfindung der Freude und dankbarer Wehmuth, hören wir die Felsen des Gestades von den zerstörenden Hieben der Axt erschallen.

Kallias. Ich hatte schon meine Phantasie an der steigenden Flamme des lodernden Schiffes gewärmt. Welch ein Anblick würde das sein!

Sophron. Freilich ein schöner und größer; aber
wir wollen wirthschaftlich verfahren; lieber wie Zim=
merer die neue Haushaltung anfangen, als wie Feuer=
werker. Wie ein treuer Stier hätte unser Schif die Wo=
gen durchpflügt, und müßte nun das Beil erfahren,
um ferner unsrer Oekonomie zu nuzen; denn aus seinen
Ribben bauen wir die ersten Hütten.

Unsre Ziegen und Schafe weiden noch auf gemein=
schaftlicher Trift.

Frühe machen wir Reisen in das Land hinein, im=
mer eine hinlängliche Bewachung unsrer Weiber und
Kinder gegen wilde Thiere zurücklassend, oder vielmehr
gegen die Furcht wilder Thiere; denn bis ans Ufer
würden sie aus ihren Gebirgen wohl nicht hinkommen.
Mit Pfeilen, Bogen, Wurfspießen, Speeren und Keu=
len, wären wir gegen Wölfe und Büffel, wilde Schwei=
ne und Bären gewafnet.

Gleich dem edlen Orlando *) hätten wir unser Feuer=
gewehr mit Verwünschungen in die Fluten geworfen.
Es stehet der wahren Tapferkeit übel an, und würde
bald, wegen Mangels an Schießpulver, ohnehin un=
nüz sein.

Im Anfange begnügen wir uns damit, Jagdbeute
heim zu bringen; aber wie würden die Weiber uns dan=
ken, wenn wir ihnen trächtige und milchende Kühe mit=

*) S. Ariosto, Orl. fur. IX. stanza 88 - 91.

brächten! Und wie würde mein Kallias jauchzen, wilde Rosse mit sträubenden Mähnen durch reißende Ströme schwimmen, und wie Gemse springen zu sehen von Klippe zu Klippe!

Kallias. In der Freude meines Herzens hatte ich selbst die Pferde vergessen. Nun bin ich noch eins so froh! Wilde Rosse, Bergläufer zu zähnen, das ist mehr als ich hoffen konnte.

Sophron. Stellet euch die Freude dieser Jagd vor! Aus Segeltauen machen wir lange Stricke, legen den windschnellen, edlen Thieren Schlingen, und fangen sie, wie die Ulanen ihre Rosse fangen, nicht ohne Gefahr!

Kallias. Desto besser!

Sophron. Die Stuten lassen wir frei, und bringen nur Hengste heim. Nur wilde, erst zu bezähmende und gezähmte Hengste wollen wir reiten und zur Feldarbeit brauchen. Das soll Sitte der Insel sein, eine so edle, als für die Uebung der Jugend heilsame Sitte.

Kallias. Weisheit der Unsterblichen spricht aus dem Munde des Sophron!

La Riviere. Wahre Centauren werdet ihr sein, auf euren Feuer-athmenden Rossen!

Kallias. Ohne Zügel und Sattel, wie die Numider! Nicht so? *)

Sophron. Sobald dazu die Rosse genug gezähmt sind. Was Numider konnten, müssen wir können! Die ganze spanische Reiterei reitet Hengste; auf unsern Rossen wollen wir zugleich Spanier und Numider sein.

Kallias. Und wie Jason mit Feuer-sprühenden Stieren die Erde pflügen.

Sophron. Im Anfang. Nach und nach wird ihre Art zahm werden, doch aber stärker als unsre Rinder sein. Die wilden bleiben im Gebirge für die Jagd. Doch wäre es eine gute Sitte, wenn jeder Bräutigam seiner Braut eine wilde Büffelkuh zur Morgengabe brächte.

La Riviere. Wie schön würde unsre Rückkunft aus dem Gebirge sein, wenn wir die ersten wilden Kühe unsern Weibern mitbrächten!

Sie hätten während unsrer Abwesenheit mit den zurückgebliebnen Männern manches eingerichtet, gesäet, gepflanzet. Schafe und Ziegen kämen schon blökend des Abends, jedes in seine Hütte, jeder Hahn versammelte

---

*) Auch bei den Römern war es, wenigstens im Anfang der Republik, nicht ungewöhnlich, daß die Reiter vor dem Angrif den Pferden die Zäume abnahmen. vid. Liv. passim. Es schwebt mir vor dem Sinn, daß unsre Väter und die Gallier auch ohne Zaum geritten hätten, doch erwähnt Tacitus gezäumter Pferde in Deutschland, de Mor. Germ.

sein Serail um sich, und nach langer Seefahrt flatter=
ten wieder die Tauben traulich um die lockende Hand.
Auch hätten der Männer einige wilde Bienenschwärme
gefangen, und ihr Summen stimmte lieblich ein in das
Willkommen der Unsrigen. Nun fielen die Weiber uns
um den Hals, führen lautschreiend zurück, beim An=
blick der wilden, zottigen, Stieren ähnlichen Kühe, faß=
ten endlich Herz, und freuten sich wirthschaftlich über
unsern Fang.

Sophron. Wenn wir die Beschreibung einer sol=
chen Scene in einem Dichter läsen, mein Kallias, wür=
den wir nicht mit Sehnsucht in die Ideen eines goldnen
Jahrhunderts versezt? Sollte die Sache selber nicht
schöner als fabelnde Erzählung sein?

Kallias. Zu oft gleichen wir den Atheniensern,
denen Kleon die Frage that: O ihr Männer von Athen,
wie lange werdet ihr nur eitle Anschauer der Worte und
Hörer der Sachen sein? *)

*) Natürlich citirt Kallias aus dem Gedächtnisse. Der Vor=
wurf des Kleon ist keine Frage. Ἐιώθατε θεαται μεν των
λογων γιγνεσθαι, ἀκροαται δε των ἐργων. „Ihr seid ge=
wohnt, Zuschauer der Reden und Hörer der Sachen zu
sein“. Thukydides, S. 168. Orforder Ausgabe.

VI.

Sophron. Unser Dörfchen liegt an der östlichen Seite der Insel, auf einem Vorgebirge, welches mit einem andern, das sich ihm gegenüber erhebt, einen beinahe runden Meerbusen bildet. Die Meerenge zwischen beiden Erdzungen ist keine halbe Viertelmeile, der Busen aber zwei Meilen breit. Er wird rund umher von Felsengestaden eingeschlossen, von welchen Wasserfälle in ihn stürzen.

Zwischen diesen irren unsre Ziegen, wo nur unsre kühnsten Gemsenjäger ihnen folgen können. Eichen, ächte Kastanien und Ahorne, hängen über die hohen Ufer her.

Das jenseitige Vorgebirge ist mit unsern Reben bekleidet, und zur Zeit der Weinlese bringen wir die Freude in tanzenden Nachen heim.

Unsre Wohnungen werden zu beiden Seiten von der Seeluft, vorn vom frischen Lüftchen der Meerenge, rund umher und obenher von hohen Kastanien und Platanen mit breitem Laube gekühlt. Jede Hütte hat ihren Garten, in welchem, nebst allen Früchten, die bei uns im freien oder unter schützendem Glase reifen, die kühlende Zitrone zeitiget, und die goldne Pomeranze sich unter den Blüthen ihres Mutterstammes halb verbirgt.

Zwischen glühenden Blüthen des Granatapfels wie=
get sich singend der freie Kanarienvogel, und wird nur
von der Nachtigall übertroffen, die im dichten Laube
der Myrte nistet.

Das äußerste Ende des Vorgebirges steht senkrecht
über den Wogen. Hier erhebt sich auf Pfeilern unser
Tempel, offen an den Seiten, von Pomeranzen= und
Zitronenbäumen umringet. Dunkler Epheu und Wein=
ranken schlingen sich um die stützenden Säulen. Wir lie=
ben Sinnbilder, und wollen andeuten, daß der Ernst
seine Freude habe, die Andacht ihre Wonne.

Diejenigen, denen die Kunst immer das Medium
sein muß, durch welches sie zur Empfindung des Schö=
nen in der Natur gelangen, würden, wenn sie vom
Meer aus unser Dörfchen in seinem hohen Paradiese,
gegenüber die Weinberge, in der Mitte den Meerbusen,
und von fern die schimmernden Schneegebirge sähen,
die Gegend malerisch finden, die Wirkungen des Lichts,
Schattens, des Clair=obscür u. s. w. in eine Rechnung
bringen, deren Summa pittoreske Schönheit wäre;
würden die aufgehende Sonne Regenbogen im hohlen
Wasserfalle bilden sehen, der unserm Weinberg ent=
stürzt, und bekennen, daß diese Landschaft eines kühnen
Salvator Rosa werth sei; uns würde sie mit dem Ge=
fühl einer Wonne überströmen, für welche selbst der
Dichter keinen Ausdruck, für welche, Gottlob! der gute
Mensch ein Herz hat. Immer würde diese Empfindung

nen sein, wir möchten nun aus dem Meere die Morgensonne steigen, und schon vorher die fernen Gipfel der Schneegebirge vergolden, oder hinter diesen Gebirgen die Abendsonne sinken sehen.

La Riviere. Wie machst du mir das Herz von Sehnsucht bluten!

Kallias. Ich möchte zum Kranich werden! Dort würde ich aufhören Zugvogel zu sein!

Hilaros. Aber dieses Vorgebirge der Freude würde bald unserm Völkchen zu klein werden.

Sophron. Desto besser? Soll das Völkchen nicht Volk werden? Ein Dörfer bewohnendes Volk.

La Riviere. Das versteht sich!

Kophos. Wird in der ganzen Insel keine Stadt sein?

Hilaros. Etwa eine Residenzstadt, Kophos?

La Riviere. Wem es um Städte zu thun ist, der bleibe ja in Europa!

Sophron. Wie verschieden ein Dörfchen vom andern sein würde, kann man sich leicht vorstellen.

Einige, welche in der Ebne lägen, hätten ihren Tempel in der Mitte. Andre würden im krummen Thal andre auf kühnen Felsen bauen. Hier wären kecke Jäger, dort sanfte Hirten.

Fischer schweben auf Meereswogen, und Fischer angeln zwischen Bergen.

Jedes Dörfchen hat zwei besondere Pläze. Den einen für die Begräbnisse; für die Leibesübungen der Knaben, Jünglinge und Männer den andern. Dieser ist zugleich der öffentliche Versammlungsplaz der Gemeine. Die Anzahl der Wohnungen richtet sich zwar nach der Lage des Dörfchens, doch darf keins über funfzig Familien enthalten. Unschuld der Sitte, Freiheit, Naturgefühl, das ganze Chor reiner Tugenden, und ihr Gegenchor reiner Freuden, werden schüchtern beim bloßen Gedanken einer Stadt.

La Riviere. Sie machen beide nur Ein ganzes Chor.

Sophron. Ja wohl, Freund! ein ganzes Chor, dessen Gesang dem Vater der Tugend und der Freude lieblicher tönt als Tempelgesang.

La Riviere. Ein Wort von der öffentlichen Andacht. Die heiligen Bücher —

Sophron. Nehmen wir mit. Sie sind unser Palladium, unsers Fußes Leuchte, und ein Licht auf unserm Weg! *)

Kallias. Also werden wir lesen und schreiben!

*) Psalm CXIX, v. 105.

Sophron. Viele werden lesen können, einige schreiben. Das viele Lesen und Schreiben fällt weg, wo kein Papier vorhanden ist.

Kophos. Aber Papier könnte ja wohl auf der Insel gemacht werden.

Sophron. Wir werden nicht darum wenig lesen, weil es an Papier gebricht; sondern wir werden kein Papier machen, weil wir nicht viel lesen wollen.

Kophos. Aber so wird ja gar nichts geschrieben werden können.

Sophron. Nicht so viel, nicht so leicht, wie bei uns. Mit Blättern eines breiten Schilfes und mit der innern Baumrinde begnügte sich die junge Welt. Noch izt schreiben Indianer auf Palmblätter.

Jedes Dörfchen hat ein Exemplar unsrer heiligen Schriften. Jeder Hausvater kann lesen, und hat das erste Buch Mose und die Evangelien zum häuslichen Gebrauch. Sie sind die Penaten einer jeden Hütte.

Alle Morgen vor Sonnenaufgang versammelt sich die kleine Gemeine in dem Tempel, und ein Hausvater liest nach einem kurzen Gebete einige Kapitel aus der Bibel, nach der Ordnung. Dann wird ein Gesang von allen gesungen. Des Tages Arbeit folget dem Gesang. Einer der ältesten ist gewählter Prediger. Er prediget alle Sonntage und die Feiertage, verrichtet auch alle gottesdienstlichen Handlungen.

Nicht er, sondern der älteste Greis, ist Verwahrer der heiligen Schriften.

Die Hausväter sind Richter, immer je vier und vier das Jahr, nach dem Alter. Der streitigen Fälle würden wenige, die wenigen nicht verwickelt seyn.

Aus allen Hausvätern aller Gemeinen bestehet die Landsgemeine. Ihr ist eine große Ebne gewidmet. Je zehn und zehn Dörfer machen Bezirke aus, eine Mittelordnung zwischen den kleinen Gemeinen und der allgemeinen Landsgemeine. Diese würde vermuthlich oft in vielen Jahren nicht versammelt werden.

Jede Gemeine wählet jährlich unter den Männern, die zwischen vierzig und sechzig Jahr alt sind, einen Oberrichter. Des Bezirks zehn versammelte Oberrichter erkennen in jedem Fall, da von dem Spruch der Viermänner einer Gemeine an sie appellirt wird.

Jede vergebliche Appellazion wird an dem Appellirenden, durch Ausschließung von der Morgenandacht auf zwei Tage, bestraft. Nach einem irrigen Spruch, müssen die Viermänner ihr Amt niederlegen, und an ihrer Statt die vorigen Viermänner ihr Amt für den übrigen Theil des Jahrs übernehmen.

Ein offenbar ungerechter Spruch wird an den Viermännern auf zeitlebens, durch Ausschließung von allen bürgerlichen Versammlungen, durch den Verlust des Speers und des Rosses, bestraft.

Dieses wäre überhaupt die große Strafe, für welche unsre Bürger sich zu hüten hätten. Nur der vorsezliche Mord würde am Leben bestraft. Männer welche das Recht des Bürgers verwirkt haben, müssen den Schuldigen mit Pfeilen erschießen. Mit dem Todten zürnt man nicht; er wird wie ein andrer begraben. Denn der Tod entzieht uns aller menschlichen Gewalt, und wie sollten wir gegen den Staub desjenigen wüten, von dessen Seele wir hoffen, daß sie eine Erbin des Himmels geworden sei?

Einige kurze Geseze werden in eine rythmische Form gebracht, und von der Jugend auswendig gelernet. Kein Gesez kann weder gegeben noch abgeschaft werden, als von der versammelten Landsgemeine. Es darf weder die Gebung noch die Abschaffung eines Gesezes der Landsgemeine vorgeschlagen werden, wenn nicht der Vorschlag zwei Drittheile aller Oberrichter für sich hat. Denn es ist wichtig, daß die feierliche Versammlung des ganzen Volks nicht oft veranlasset werde.

Kallias. Erstreckt sich der ganze Unterricht unsrer Jugend auf das Auswendiglernen einiger Geseze?

Sophron. Nein, Kallias. Wir nehmen Geschichtschreiber der Alten und Neuen mit uns, und machen aus ihnen einen kurzen Auszug. Auf wissenschaftlichen Zusammenhang, auf alles systematische, wäre es bei diesem Völkchen nicht angesehen. Aber wichtig ist es für sie, daß sie das Menschengeschlecht kennen lernen, da sie Menschen sind.

Eine Rolle dieses Auszuges faßt die alte Geschichte, eine andre die neue Geschichte in sich, nebst den wichtigsten allgemeinen, physischen, geographischen und astronomischen Kenntnissen. Es ist nicht gleichgültig für sie, zu wissen, daß unser Inselchen nur ein kleines Beet im Garten der Erde; nicht gleichgültig für sie, zu wissen, daß die Erde unendlich viel kleiner gegen die Welt, als gegen sie unsre Insel sei.

Kein Inselbewohner soll so unwissend, wie neun und neunzig unter hunderten, ich möchte wohl sagen, wie neun hundert neun und neunzig unter zehn tausenden in den gelehrten Ländern, sein.

Es ist Nahrung für den unsterblichen Geist, es ist Wonne für das Herz, welches sich zum Ewigen erheben kann, zu wissen, daß die Sterne keine gelben Nägelchen an einer blauen Veste sind; zu wissen, daß der Mond um unsre Erde, sie mit dem Monde, Planeten und zahllosen Kometen um die Sonne kreise; zu wissen, daß die Sterne über uns Sonnen sind, welche höchst wahrscheinlich ihre Erden, und diese ihre Monde um sich her versammeln; endlich zu wissen, daß der Geist des Menschen sich wie sein Auge in diesem Tempel der Herrlichkeit Gottes verliere; daß hier der kühnste Flug der Imaginazion, welche sonst oft auf zu schnei-

len Flügeln uns hinreißt, dürftig sei, ermattet wiederkehre, wie die Taube Noahs, und daß jedes Blätt-
chen, welches sie aus dieser Welt der Vernunft zu den
Füßen leget, dieser heilig sei.

Hilaros. Und hiervon erfährt meine Amanda
nichts?

Sophron. Alles was das Herz des Menschen
mit Anbetung und Liebe zu Gott erfüllet, gehöret für
die Weiber wie für uns. Aber deswegen bedürfen sie
weder hierinnen, noch, ja viel weniger, in der Geschichte, eines öffentlichen Unterrichts. Häuslicher Unterricht geziemt dem Weibe, dessen Ehrenkrone häusliche
Eingezogenheit und Zucht ist. Es ist wichtig für die
Erhaltung des Verhältnisses, in welches Gott das Weib
mit dem Manne gesezt hat, daß es durch ihn erleuchtet
werde. Das ist ein Band zwischen Mann und Weib,
keins der schwächsten, eine süße Abhängigkeit. Erinnerst du dich, wie Miltons Eva sich entfernet, wenn der
Engel von hohen Dingen spricht? Nicht, sagt der Dichter, als ob hohe Gespräche sie nicht ergözt hätten, aber
weil sie lieber ihrem Manne nachher allein lauschen,
als durch den Mund eines Engels wollte unterrichtet
sein! *)

Kein Dichter hat die weibliche Würde und Anmuth
besser gemahlt als Milton; und dieser Zug ist einer der
schönsten im Bilde der Eva.

*) Milton's Paradise Lost. VIII. 39 - 63.

Sobald wir mit diesem Buche fertig sind, verbren=
nen wir die mitgebrachten Schriftsteller, deren wir
hier für alle Schäze des großen Moguls nicht entbehren
möchten, die aber unserm Völkchen der Einfalt unnüz
ja gefährlich wären. Ich reiche dann die Asche meinem
Kallias in einem Becher unsers Inselweines, und be=
reue mein Brandopfer nicht.

Wir würden das Andenken der großen Schriftsteller
segnen, uns ihre Geister als gegenwärtig denken, und
ihnen ungefähr den Gruß zurufen, mit welchem Pla=
ton die Dichter aus seiner Republik entläßt.

Kallias. Ich habe das dem Platon nie verzei=
hen können.

Sophron. Ich auch nicht. Ein wenig Neid gegen
die Dichter, nach deren Kranz er als Jüngling gestrebt
hatte, scheint die, sonst so schöne Seele des Weisen
heimgesucht zu haben; insonderheit Neid gegen den gött=
lichen Homer, auf dessen Umgang, in den Inseln der ab=
geschiedenen seligen Geister, sich doch der weisere So=
krates so freute *).

Hilaros. Ich habe den Platon nicht gelesen; sage
uns die Stelle, auf welche du anspielest.

_____

*) Diesen Vorwurf scheint Platon hauptsächlich in der ersten
Hälfte des 10ten Buchs der Republik zu verdienen. v. Vol.
VII. pag. 283 - 310. Edit. Bipontina. S. Platons Apo=
logie des Sokrates.

Sophron. Nachdem er den Dichtern, welche Personen redend einführen, eine gewisse, seiner Meinung nach, unerlaubte Nachahmung vorgeworfen, sagt er:

„Käme nun ein Mann, welcher durch seinen Wiz
„jedes Natur an sich nehmen, und alle Gestalten nach:
„ahmen könnte, mit der Absicht in unsre Republik, um
„uns seine Gedichte zu zeigen; so würden wir uns für
„ihn, als für einen heiligen, wunderbaren und süßtö=
„nenden Mann, auf die Erde neigen, ihm aber ankün=
„digen, daß kein solcher bei uns sei, auch nicht sein
„dürfe. Und dann würden wir ihn in ein andres Land
„hinüber geleiten, sein Haupt kränzend und mit Narde
„salbend." *)

Hilaros. Verbannte Platon alle Dichter aus seiner idealischen Republik?

Sophron. In der That fast alle die den Namen verdienen.

Hilaros. Bist du nicht strenger, soll ich sagen ungerechter, als er, da du alle Schriftsteller verbannest?

Sophron. Platons Tadel der Dichter scheint mir auf spizfündige Sophistereien gegründet zu sein. Ich habe auch meine Gründe gegen Einführung aller Schrift=

*) Platon R. P. 3. Buch. Vol. VI. pag. 284 - 85.

steller vorgelegt. Wir wollen weder eine allgemeine Aka=
demie von Gelehrten, noch drückende Ungleichheit. Ein=
falt, Unschuld, Glückseligkeit und Freiheit, sind unsre
Schuzgöttinnen, welche Opfer erfodern, die uns nicht
zu theuer scheinen müssen. Sonst blieben wir lieber hier.
Wollen wir reisen, so müssen wir viele Kenntnisse mit
uns aussterben lassen, wie wir ein Licht, das uns ge=
leuchtet hat, den Morgen auslöschen, damit es unser
Haus nicht anzünde.

VII.

Kallias. Im Hergehen habe ich mich umsonst be=
müht, einen Einwurf des Glaukos zu beantworten.
Ich kann weder ihm, noch mir selber Genüge thun.

Sophron. Laß hören, Glaukos.

Glaukos. Einiger Handwerker scheinen wir nicht
entbehren zu können; aber wer wird sich entschließen
wollen Schmid zu werden, oder Zimmermann? Sein
Feld wird jeder gern bauen, seinen Garten bearbeiten,
seines Viehes pflegen; aber jene Arbeiten sind schwerer,
und haben, in Vergleichung mit diesen, etwas freu=
denloses.

Sophron. Dein Einwurf, Glaukos, ist sehr ver=
nünftig. Er scheinet schwer zu beantworten.

Das ist ein Knoten, den weder die alten noch neuen
Völker gelöset haben, sie haben ihn auf zwiefache Art
durchschnitten, und keine dieser Arten gefällt mir.

Die ältesten Völker legten Sklaven fast jede Arbeit
auf. Sogar das Feld bauten die Heloten der Sparta=
ner; eine Arbeit, die doch bei den übrigen Griechen,
bei den Römern und Israeliten mit Recht für ehren=
voll gehalten ward. Und ach, warum müssen einige
Länder, in welchen die unselige Leibeigenschaft noch

nicht abgeschaft ist, diese einzige Aehnlichkeit mit den Spartanern haben! *)

Die meisten Handwerker der Griechen und Römer waren Freigelassene, oder Bürger von der niedrigsten Klasse, welche aus Noth arbeiten mußten.

Auf diese Art wird auch bei uns der Knoten zerschnitten. Das Messer der Noth ist scharf, aber es schmerzet. Immer Ungleichheit, Quelle so vieles Verderbens!

Wir wollen versuchen, mit leiser Hand den Knoten zu lösen. Wie fangen wir das an? Nachbar, mit Rath!

Glaukos. Mein Rath wäre so viel allerlei Geräthes mitzunehmen, als wir bedürften. Kommt Zeit, kommt Rath!

Sophron. Freilich müssen wir diesen Rath gelten lassen, so lange wir keinen bessern wissen. Ich ehre die Gewalt der Zeit. Ihr Strom gleichet einem Flusse, welcher das Land bald verwüstet, bald es tränkt. Es ist ge-

---

*) Ursprünglich waren die Heloten ein von den Spartanern unterjochtes Völkchen der Stadt Elos im Poloponnes; oder, nach andrer Meinung, Kriegsgefangne. (Vom alten Worte ἕλω, davon noch εἷλον.) Sie mußten schwere Abgaben vom Ertrag des Landes geben, und waren grausamer Behandlung ausgesezt. Das sogenannte Recht der Herren über Leibeigne ist immer Unrecht, ist immer Ursache himmelschreiender Grausamkeiten.

fährlich sich der Willkür dieses unaufhaltsamen Stromes zu überlassen. Die Vernunft suche ihn, wo sie kann, zu leiten, ihm Dämme zu sezen.

Sollte die liebe Mutter Natur — doch wozu der figürliche Ausdruck? — sollte Gott nicht auch d a f ü r gesorgt haben? Ich weiß wohl, daß die Vertheidiger jedes verjährten Vorurtheils mir sagen werden: Gott wollte die Ungleichheit! Was sagen nicht solche Leute, wenn sie in satter Fülle über das Elend des Dürftigen moralisiren?

„Wie Hyena mit dem Hunde sich gesellet, also auch „der Reiche mit dem Armen," sagt Sirach *), und: „Was soll dir der irdene Topf bei dem ehernen? Wo sie „an einander stoßen, so zerbricht er." **)

Uns sei der Wunsch erlaubt, eine kleine glückliche Herde zu sein!

K a l l i a s. Aber wie hätte Gott dafür gesorgt? Wer sonst, als eiserner Druck der Noth, wird uns den Hammer und den Hobel in die Hand geben?

S o p h r o n. Kennst du nicht Männer, welche bloß zum Vergnügen drechseln, Glas schleifen, Tischlerarbeit verrichten? Ich kenne einen alten Krieger. In Stunden der Muße legt er ein Schwerd, das er mit Ehren zu führen weiß, ab, und läßt sich beim Amboß lieber Meister Schmid, als Herr General nennen.

*) Kap. XIII, v. 22.　　**) v. 3.

F

Der außerordentliche Geist Peter des Ersten fand
süße Erholung von den Geschäften eines Reiches, das
er umschuf, wenn er als Schmid oder an der Drech=
selbank arbeitete. Wir wollen keinen Peter den Großen,
aber ein rüstiger Peter Schmid, ein erfindender Peter
Drechsler, wird uns willkommen sein.

Solchen Männern müßten wir Vorzüge geben,
etwa die Wahl des bequemsten Ortes zum Anbau, oder
den Vorsiz bei gewissen öffentlichen Gelegenheiten; Kränze
der Ehre für Erfindungen. Meinet ihr nicht, daß der
Erfinder eines nüzlichen Werkzeugs, oder ein Verbesse=
rer, verdientes Ansehen haben würde? Greise würden
ihn rühmen, vielleicht Dichter ihn nennen. Endlich
würde er nicht umsonst arbeiten. Dem Zimmermann
bringt der Fischer die Erstlinge seines Nezes, für den
Nachen, den jener ihm zimmerte. Der Landmann giebt
Früchte des Feldes, oder bauet mit seinen Stieren das
Feld des Zimmerers und des Fischers. Früh müßte
man suchen einen edlen Wetteifer einzuführen, wer den
Fleiß der sauer arbeitenden Mitbürger am reichlichsten
belohnte; und die schönsten Gaben des Ackers, der Wei=
de, des Stromes, des Rebenhügels, des Bienenstocks
und der Jagd, müßten diejenigen belohnen, unter deren
Aufsicht das Eisen aus dem Schooße der Erde geholet,
geschmolzen, geläutert würde.

Glaukos. Unter deren Aufsicht! Aber wer wird
unter ihrer Aufsicht arbeiten wollen?

Sophron. Glaubt ihr nicht, daß die weißen blendenden Schneegebirge, welche der Morgen und der Abend in einen rosichten Schleier hüllen, frühe das Auge und die Phantasie der Knaben anziehen werden?

Kallias. Das werden sie, und sehr lebhaft!

Sophron. Männer und Greise müssen diesen Eindruck nüzen, und die eben so natürliche als fruchtende Sehnsucht nach dem Wunderlande unterhalten, dessen Gipfel uns in herrlicher Schönheit locken; in welchem das Eisen gefunden wird; wo Bären, Büffel und Keuler umherirren; wo auf zackigen Klippen Gemse und Steinböcke klettern; wo die wünschenswerthen freien Rosse in hallenden Felsenthalen wiehern; wo donnernde Ströme in dunkle Tiefen hinabstürzen; wo die ganze Natur so groß ist, und so schauervoll.

So sehr aber der Anblick dieser Gipfel, die Erzählungen der Männer, und die Lieder der Dichter ihn reizen, weiß dennoch der Jüngling, daß er nicht hingehen darf, eh' er in einer Schaar seiner Genossen hingeführet wird.

Alle Jahr werden diejenigen Jünglinge, welche ihr drei und zwanzigstes zurückgelegt haben, unter der Aufsicht einiger Männer, mit Bogen, Wurfspießen und Keulen bewafnet, ins Land der Wunder gesandt. Jede schauervolle Höhe wird erklommen, jedes finstre Thal durchwandert. Umherstreifen darf der einzelne Jüngling nicht, auch der fliehende Wolf muß ihn nicht ableiten

von der Stimme seines Führers. Zuletzt werden sie in
die Bergwerke geführt, und arbeiten, bis die junge Schaar
des folgenden Jahrs sie ablös't. Sie arbeiten nur einige
Stunden des Tages, abwechselnd. Die übrige Zeit
wird dem Unterricht, den Uebungen, der Jagd und
dem Tummeln wilder Rosse gewidmet. Mit Kränzen
umwunden, kommen sie auf diesen Rossen, und beehret
mit dem Speer, in ihre Heimath zurück. Wie sie selber
durch die Ströme geschwommen waren, so schwimmen
nun unter ihnen die brausenden Rosse.

Mit Frohlocken werden sie empfangen, wo sie durch=
ziehen. Die Ihrigen gehen ihnen entgegen. Mit dem
Speer tritt der Jüngling in den Reigen der Männer.
Ließ er eine Geliebte zurück, so wird sie ihm angetraut,
und er führt sie noch den ersten Abend in seine Hütte.
Keiner darf heirathen, eh' er von dieser Reise zurück=
gekehret ist. Glaubt ihr nun, daß sie die Zeit der Arbeit
in den Bergwerken fürchten werden?

Kallias. Ich meine vielmehr, daß keiner sie ohne
Ungeduld erwarten werde.

Sophron. Arbeit und Freude sollen die Jahre
der Ungeduld beflügeln.

Oeffentlich werden Knaben und Jünglinge erzogen,
ohne doch die Freuden des häuslichen Lebens zu verlie=
ren. Gewöhnlich essen sie zu Hause, bei den Eltern,
sie wohnen bei ihnen; nur an Festen essen sie öffentlich.

Es sei ferne von uns, die schönen häuslichen Bande, welche Eltern und Kinder, Bruder und Schwester an einander knüpfen, schwächen zu wollen; heilige Bande, welche Gott selber geweihet hat!

Der Mensch ist Mensch eh' er Bürger wird. Diese lezte Bestimmung ist der erstern tief untergeordnet. Um sichrer und glücklicher zu leben, wird der Mensch ein Bürger. Ein Vater zeugt seinen Sohn so wenig für den Staat, als für seinen Acker und Weinberg. Der Sohn wird einst die Pflichten des Bürgers erfüllen, und die Arbeiten des Landmanns verrichten, um Theil an der Ruh und Glückseligkeit des Vaterlandes zu nehmen, wie er der Früchte seines Feldes und der Reben genießt. Eine Betrachtung, welche einige der größten Gesezgeber nicht machten, oder wegen verschobner Verhältnisse übersehen mußten.

Der Spartaner mußte viele menschliche Freuden, viele Naturempfindungen, auf dem Altar des Vaterlandes opfern. Der Israelit war freier Bürger, und verlor nichts als Mensch. Häusliche Ruh unter seinem Weinstock und Feigenbaum *); ein Weib, das wie ein fruchtbarer Weinstock sein Haus umschlänge **), und Kinder, die wie Oelsprößlinge grüneten um seinen Tisch, war das schöne Ideal israelitischer Glückseligkeit. Es sei auch das unsrige.

---

*) 1. Buch der Könige, IV, 25. und Micha, IV, 4.
**) Psalm CXXVIII, 3.

Wenn der Knabe sieben Jahr alt ist, gehet er in die Schule. Unter freiem Himmel genießen die versammelten Knaben jeder Gemeine täglich eines kurzen mündlichen Unterrichts in der Religion, lernen einige Sprüche, Lieder und Geseze auswendig.

Die vornehmsten Lehren der Religion sind, wie die Geseze, in eine rythmische Form gebracht, um des Gedächtnisses willen. Die Lieder müssen kurz, einfältig, herzlich und erhaben sein. Nur dann wären sie der Religion würdig, wenn sie die drei lezten Eigenschaften hätten. Kürze pflegt diese zu begleiten. In den gelehrten Ländern trauet man dem Ungelehrten kaum Menschenverstand zu, weil Gelehrte selten die Menschen kennen. Man glaubt, das Volk habe weder Sinn für edle Einfalt, noch Begrif des Erhabnen. Für beides kann nur Unterdrückung und Mißbildung den Menschen stumpf machen.

Früh üben sich die Knaben im Lauf und im Sprung. Unter Aufsicht baden sie täglich, und lernen schwimmen. Sie spielen nach Herzenslust, und man zieht sie von keinem unschuldigen Vergnügen ab. Der Aufseher sucht jeder Gelegenheit des Streits zuvorzukommen, und wacht über die Gesundheit und Aufführung der Knaben. Er wird gerühmt, wenn er die Spiele zu vervielfältigen und zu beleben weiß.

Man suchet zu diesem Amt einen weisen freundlichen Greis aus. Er hat Vollmacht zu strafen. Verſezung der Wahrheit, und Bosheit, werden jedesmal ernſtlich beſtraft.

Einem andern weiſen Greiſe werden die Jünglinge anvertrauet. Der Unterricht ihres Geiſtes beſteht hauptſächlich in freien Unterredungen mit dem Lehrer. Unter ſeiner Aufſicht werden ſie von Männern in Leibesübungen unterrichtet. Dieſe ſind abwechſelnd. Sie üben ſich im Lauf, im Sprung, im Ringen, im Wurf, lernen den Gebrauch des Wurfſpießes, der Schleuder. Der Jüngling tauchet wie ein Wilder, und ſchleudert mit der Geſchicklichkeit der alten Balearen den Kieſel, den er aus des Stromes Tiefen geholt hat. Nach und nach wird er gewöhnt, ſich, bedeckt mit dem Schweiß der Ringbahn, in kalte Fluten zu ſtürzen.

Im Schwimmen und Tauchen lange aushalten können, iſt eine Ehre, nach welcher jeder ſtreben muß. Sie lernen lang' auf gezähmten und gezäumten Roſſen reiten. Mit dem Zaun wird das wilde Roß im Anfang getummelt. Froh iſt und ſtolz der Jüngling, wenn er nun das Roß, das er ſelber gefangen und gezähmt hat, zügelfrei reitet über Berg und Thal, durch den tiefen Fluß, durch den reißenden Strom.

Von der Zeit an, da ſich die Stimme des Jünglings ändert, und der Jugend Flaum auf ſeinen Wangen ſproßt, (ein Zeitpunkt, welcher bei uns mit größerer Sorgfalt bemerkt wird, als man in den preußiſchen Staaten anwendet, um den Wuchs des künftigen Soldaten zu untersuchen,) werden die Uebungen stärker, und mit der Jagd zerstreuenden, ermüdenden Freuden gepaart.

Diese Jagd aber ist edel. Sicher ist das Vögelchen im nahen Fruchtgarten, wenn es nicht zur Speise dient; und auch für den Tisch die fröhliche und erfreuende Lerche, oder den kleinen Goldammer zu tödten, wird für unedel gehalten. Was ist der Genuß des Gaumens gegen das Leben eines Thierchens, welches seinem Mörder nur einen Bissen gewährt? Den edlen Hirsch, das leichte Reh, den bangen Hasen, ja auch den räubrischen Wolf aus Vergnügen lange zu jagen, wird als Grausamkeit verabscheut.

Die Lehren der Greise und der Dichter Gesänge müssen allgemeine Liebe in die jungen Herzen träufeln, müssen das zarte Mitgefühl für jedes Geschöpfes Wohl und Weh lebendig erhalten, und schon den Knaben lehren, daß Erbarmen uns dem ähnlich macht, auf dessen Erbarmen die Hofnungen aller Kreatur gegründet sind.

Der Raubvogel wird in den Lüften vom Pfeil ereilt, den die Federn seines Bruders beflügeln, oder der Kiesel der Tiefe holt ihn, aus geschwungner Schleuder geworfen, aus den Wolken.

Das gedehnte Roß eilt, vom Jünglinge geleitet, mit getheilter Jagdlust seinem Feinde, dem Wolfe nach, und der Keuler rennt mit blinder Wuth in des

stehenden Mannes Speer, der ihn kalt und kühn er=
harret.

Weder der Jüngling noch der Mann verwahret
seine Waffen,

—— Denn selbst das Eisen ziehet den Mann an,
sagt Homer *); sondern jede Gemeine hat ein mit Bäu=
men umschattetes Rüsthaus auf dem großen Uebungs=
plaz. Hier hangen die Waffen eines jeden an dem ihm
angewiesenen Ort. Die ersten Pfeile der Jünglinge sind
ganz von Holz. Die eiserne Schärfe muß verdient wer=
den. Eine höhere Belohnung ist der gefiederte Pfeil. Die
Größe des Speers bezeichnet die Kraft des Mannes, die
Schönheit der Waffen sein Verdienst.

VIII.

Sophron. Möchte mir heute die hohe Urania günstig sein, oder du, dieser kleineren Insel freundliche Egeria! Es ist Zeit daß wir auch von den Weibern ein Wörtchen sagen. Wie ungerecht wären wir, meine Freunde, und wie thöricht, wenn ihre Vollkommenheit uns nicht sehr am Herzen läge, oder soll ich sagen, ihre Wiederherstellung in ihre angeborne Würde? Denn in der That scheinet es mir, daß die besten ihres Geschlechts sich nicht so weit in unsern Zeiten von ihrer Bestimmung verirren, als auch die besten unter uns. Ihre kleinere Sphäre ist nicht so wandelbar als die unsrige. Unter euch darf ich wohl sagen, was mir vom Herzen auf die Lippen fliegt. Sind nicht Psyche und Eucharis wahre Weiber, in der edlen, liebenswürdigen Bedeutung des Worts? Aber wer ist in unsern Zeiten ein Mann? Wer kann und wer darf es sein?

Weiber sind geborne Vestalen, Hüterinnen der heiligen Glut sanfter Empfindung, die uns beleben muß. Kein Volk ist weise, keins glücklich, wo die Weiber nicht geehret werden.

Sind sie verachtet, so sind sie auch verderbt, so ist Tugend und Glückseligkeit dahin.

Mit Recht erwartet jeder den Genuß der süßesten Freuden in den Armen eines geliebten und liebenden Weibes; und diese Freuden werden nur da ganz erreicht,

wo Mann und Weib in dem Verhältniſſe bleiben, wel=
ches der große Vater der Menſchen ſo ſichtbar geord=
net hat.

„Wohl dem, der ein tugendſam Weib hat, deß
„lebet er noch eins ſo lang!" *)

Guter, weiſer Sirach, du magſt viel Erfahrung
gehabt haben, wie der weiſe Salomon. So hat kein
Weiſer die Weiber gekannt, wie dieſe beiden; und wer
hat den Adel weiblicher Würde ſo ſchön erhoben, wie
ſie? Wie dem alten Luther wohlgemuth ums Herz wird,
wenn er auf ſeinem Dolmetſcherpfade an ſolche Stellen
kommt! Mich däucht, ich ſehe ihn verweilen, ſeinen
Stab in den lautern Honigſeim der alten Weisheit tau=
chen, wie Jonathan **), dann mit erfriſchten Lippen
und wackern Augen hineilen zu ſeinem Kätchen, und in
der Freude eines reinen Herzens anſtimmen:

> Wer nicht liebt Weib, Wein und Geſang,
> Der bleibt ein Narr ſein Lebenlang! ***)

*) Sirach, XXVI, 1.

**) I. Buch Sam. XIV, 27.

***) Einige meiner Freunde haben bei einer gewiſſen Veran=
laſſung umſonſt dieſe Verſe in Luthers Schriften geſucht.
Die Ueberlieferung eignet ſie ihm zu, und ich ſehe nicht,
daß die falſchen Zeloten für die Ehre dieſes großen, in ſei=
ner Art einzigen Mannes, Urſache oder Vorwand haben
ſollten, ſich für ihn dieſer ſchöngeſagten, ſchönen und wah=
ren Sentenz zu ſchämen.

Wehe dem Lande, wo des Weibes Würde verkannt, wo es wenig mehr als ein Kebsweib geachtet wird! Wo sie mit zitternder und unlauterer Erwartung auf den einladenden Wink eines so mürrischen als wollüstigen Gebieters harrt! Sie kann seine Sinne berauschen, aber sie tauschet nicht sein Herz gegen das ihrige ein. Sie wandelt nicht als Genossin mit ihm auf der ungleichen Bahn des Lebens.

Er muß eine freie Gehülfin haben, denn es ist nicht gut daß er allein sei *) Sie erquickt ihn, wenn er ermattet, sie tröstet ihn in Trübsal, sie thut ihm Liebes sein Lebenlang, wie Salomon sagt **), sie erfreuet sein Herz, ist ihm Thau in der Hize, und im Nebel Sonnenschein. Für ihn ward sie geschaffen; das ist ihre Bestimmung, dieser sei sie eingedenk!

Denn sie verliert ihre wahre Würde, so bald sie von dieser Bestimmung abweicht. Sie ist frei; auch der Sohn des Hauses ist frei, aber abhängig.

Ihre freundliche Theilnehmung schmieget sich wohl um männliche Dinge, und eine Portia ehret ihr Geschlecht, wenn sie im weiblichen Busen das heldenmüthige Geheimniß ihres Brutus, ohne zu erliegen, ertragen kann: aber es fällt ihr nicht ein ihn zu leiten, und ihr Urtheil über Dinge, die außer ihrer Sphäre sind, ist das Urtheil ihres Mannes.

*) 1. Buch Mos. II, 18.
**) Sprüchw. XXXI, 12.

Dieser Bescheidenheit Schleier ist mit dem Gewande der Schamhaftigkeit aus denselben schönen Faden
gewebt. Um gestützet zu sein, schlinge sich der labende
Weinstock um den starken Ulmbaum. Schlingt er sich um
schwache Ranken eines biegsamen Gewächses, so krie-
chen beide auf der Erde, und verderben. Gleich der
Rebe bedarf einer Stüze das Weib, und gewinnet
Kraft aus der Umarmung die es giebt. *)

Der Ton der Galanterie sei nicht der Ton unsers
Völkchens; er ist ganz widernatürlich, der wahren
weiblichen Würde so wenig angemessen, wie der männlichen.

Unter schattenden Bäumen, vor der Hütte, nehme
das edle, freie Weib, vor aller Augen, die Besuche
ihrer Freunde und Freundinnen an.

Ihre Töchter unterhalten sich mit Gespielinnen unter den Augen der Mütter. Auch dem sittsamen Jünglinge sei dieser Zugang nicht gewehrt. Er soll kein un-
bekanntes, verhülltes Geschöpf dereinst in seine Hütte
führen; sondern eine Jungfrau, deren Gesicht, deren
Stimme, deren Herz er kennt, die er gekannt hat, als

*) Sophron wendet die schönen Verse in Popens Essay on
Man auf das weibliche Geschlecht an, die im Dichter einen
allgemeinen Sinn haben:

Man like the generous vine supported lives,
The strength he gains is from th'embrace he gives.

sie ein Kind war, die als Gespielin ihm mit jedem Jahre theurer ward.

Kein Jüngling wird ein verdächtiger Freund des Hauses sein, wo Galanterie nicht Sitte, wo verstohlner Umgang im Hause weder mit dem Weibe noch der Tochter erlaubt wird. *)

Auf gemeinschaftlichen Spaziergängen sei es dem Jüngling und der Jungfrau nicht verboten, selbander Arm in Arm zu gehen, wenn andre ihnen oder sie andern in der Entfernung einiger Schritte folgen. Denn das schöne Band der Liebe muß frei geknüpfet werden.

Dem unbescholtnen Jünglinge darf eine Jungfrau nicht versagt werden, wenn sie sich lieben. Zwang der Eltern darf Heirathen weder stiften noch hindern, einen einzigen Fall ausgenommen, wo Eltern ihre Einwilligung versagen dürfen.

Hilaros. Welcher?

*) Les bons législateurs ont exigé des femmes une certaine gravité des moeurs. Ils ont proscrit de leurs républiques non seulement le vice, mais l'apparence même du vice. Ils ont banni jusqu'à ce commerce de galanterie qui produit l'oisiveté, qui fait que les femmes corrompent, avant même d'être corrompues, qui donne un prix à tous les riens, et rabaisse ce qui est important, et qui fait que l'on ne se conduit plus que sur les maximes du ridicule, que les femmes entendent si bien à établir.

Montesquieu, Esprit des Loix. *Liv. VII, ch. VIII.*

Sophron. Jede Verlezung des Wohlstandes schließt einen Jüngling von der Zahl der Unbescholtnen aus, und giebt Eltern das Recht, ihm ihre Tochter zu versagen, selbst wenn sie ihn liebt.

Lassen die Eltern sich erbitten, so wird jedes Andenken seiner Thorheit ausgelöscht.

Eben das gilt auch von der Jungfrau, welche die heiligen Geseze der Scham verlezet hat. In diesem Fall würden die Eltern des Jünglings schwer zu erbitten sein. *)

Am Mann wird der Ehebruch durch Entziehung des Speers und des Rosses, das heißt durch Ausschließung von allen öffentlichen Zusammenkünften, geahndet.

Die Ehebrecherin steht unter der Hand des erzürnten Mannes. Hat sie ihre Züchtigung ausgestanden, so darf er nicht wüthen gegen sie; es steht ihm aber frei eine andre zu nehmen. Dann wird die Schuldige einer Matrone übergeben. Konnte sie das leichte Joch der Ehe nicht tragen, wie schwer wird ihr dieses sein!

Die Kleidung der Weiber ist einfältig und dem Auge gefallen. Ihre Gewande sind weiß, um die Reinlichkeit desto nothwendiger zu machen. Die Haare fallen in

---

*) Nemo enim illic vitia ridet; nec corrumpere & corrumpi saeculum vocatur. Dort lacht niemand über Laster; verführen und verführt werden wird nicht Lebensart genannt.
                                        Tacitus de Mor. Germ.

Locken um ihren Hals, oder sind in Zöpfe gewunden, mit leichten Hüten oder mit einem Schleier bedeckt, den sie nach Gefallen auf und niederschlagen. Die Mannigfaltigkeit, deren diese einfältige Kleidung fähig ist, wird immer wechselnder, und so lange sie währt, immer gleichförmiger Mode vorgezogen; denn jede ordnet ihren Hauptschmuck nach eignem Belieben, oder nach dem Geschmack ihres Mannes.

Ein Kranz unterscheidet die Jungfrauen von den Weibern. Die Kleider reichen beinahe bis an die Knöchel.

Statt der Schuhe tragen sie Solen, die mit dünnen Bändern an den bloßen Füßen befestigt sind. Die Arme werden bis an die Elbogen vom Kleide bedeckt. In den heißen Monaten tragen sie in der freien Luft Handschuhe.

Der Busen schlägt unter den Falten des verhüllenden Schleiers. Das säugende Weib allein entblößt ihn. Das hat der Knabe gesehen, eh' es der Jüngling sieht. Erwecken gleichwohl die Brüste eines säugenden Weibes unreine Gedanken in ihm, so wird er nicht unrein, er war es schon.

Leicht und rüstig läßt die Kleidung der Männer ihren Gliedern freies Spiel. Sie tragen einen Wams, dessen faltenlose Schöße auf die Hälfte der Lenden fallen, weite Hosen, Solen an den Füßen, wie die Weiber. Ihre Haare sind über dem Nacken abgeschnitten; die

Hüte groß und rund. Der lange Bart unterscheidet den verheiratheten Mann vom Junggesellen.

Sowohl die männliche als die weibliche Kleidung wird von den Weibern gesponnen, gewebt, zugeschnitten und genähet. Außerdem besorgen sie die häuslichen Geschäfte, Milchung der Kühe, Schafe und Ziegen, Wartung des Federviehes und der Bienen, selbst den leichtesten Theil der Gartenpflege.

Auch das weibliche Geschlecht badet oft. Das Meerwasser wird dem fließenden, das fließende Wasser den Landseen zum Baden vorgezogen. Wo Felsen oder Wald die Stäte des weiblichen Bades nicht verbergen, da wird dichtes Gesträuch gepflanzt.

Weiber und Jungfrauen baden nicht zugleich; erwachsene Jungfrauen nicht mit kleineren Mädchen. Jungfrauen und Mädchen werden von Matronen begleitet. Die Zugänge des weiblichen Bades werden jedesmal bewacht. Schliche dennoch ein Mann hinein, so würde er, wenn er verheirathet wäre, wie ein Ehebrecher bestraft; wäre er noch Junggeselle, der Zahl der Bescholtenen hinzugefügt.

Die Jugend beider Geschlechter wird im Gesang unterrichtet und im Tanz.

Greise und Matronen werden von den Ihrigen unterhalten. Aus diesen werden Aufseherinnen, aus jenen Aufseher der Jugend erwählt. Diese Wahl wird jährlich

G

erneuert, damit sowohl den zu herben, als den zu nach=
läſſigen oder zu nachgiebigen ihr Amt genommen wer=
den könne.

Die Väter wählen unter den Vätern, die Mütter
unter den Müttern Aufſeher und Aufſeherinnen der ge=
meinſchaftlichen Jugend.

Uneheliche Kinder werden weder dem Vater noch
der Mutter anvertrauet. Kinderloſen Eheleuten wird
es zum Verdienſt angerechnet, wenn ſie ſolche an Kin=
desſtatt aufnehmen. Kein Vorwurf haftet auf ihnen
wegen ihrer Eltern Schmach. Warum ſollten Unſchul=
dige für Schuldige büßen?

Auch ſchwach und krank von Alter, haben ſolche
Eltern von den Früchten ihrer Lüſte keinen Unterhalt
zu erwarten. So lange ſie noch arbeiten können, wird
ihnen die Ruhe des Alters verſagt; ſie müſſen ihre lezten
Kräfte durch Uebernehmung verdrießlicher Arbeiten an=
ſtrengen.

Nur Laſterhafte würden alſo bei uns gezwungen für
andre ums Brod zu arbeiten. Würden ſie aber hiezu
zu ſchwach, ſo wäre ihnen vergönnt von Haus zu Haus
zu gehen, um ſich nähren zu laſſen, und weder der
Tiſch noch die Nachtruhe würde ihnen verſagt.

Kinderloſe Greiſe und Matronen werden von der
ganzen Gemeine oder von nahen Verwandten unter=

halten. Und die Viermänner sehen darauf, daß ihnen der Abend ihres Lebens nicht nur erträglich, sondern angenehm werde.

Ein schöner Ort wird immer zum Gottesacker jeder Gemeine bestimmt, entweder auf einer reizenden Höhe, oder am Ufer eines Wassers. Hie und da ist er mit blühenden Sträuchen geziert, mit Blüthen über den Gräbern! Je nachdem seine Lage es zuläßt, beschatten ihn rund umher, oder von einigen Seiten, hohe Bäume; kein Immergrün; Bäume, deren Laub im Herbste abfällt, denen der Frühling ein schöneres wieder giebt.

Jeden Todten bringt die ganze Gemeine zur Stäte seiner Ruhe. Ein schwarzes Band in den Haaren der Jungfraun, in der Haube der Weiber, herunterflatternd vom Hute der Männer, bezeichnet die Verwandten. Diese singen ein kurzes wehmuthvolles Lied. Dann hält der Prediger, mehrentheils ein Greis mit silbernen Haaren, eine kurze Rede voll christlichen Trostes. Wenn er aufhört, wird unter feiernder Stille der Sarg in die schon bereitete Gruft gesenkt. Die Leidtragenden werfen ihre schwarzen Bänder hinein, statt deren der Prediger jedem eine Blume in die Hand giebt. Nun schließet um sie die ganze Gemeine einen Kreis, und singet ein Lied der Auferstehung.

Mit der Blume in der Hand gehen die Leidtragenden, mit Gesang im Munde sie und die Begleiten-
den, jeder in seine Hütte.

Wir würden eine schöne Sitte des dänischen Land-
volks in unsre Insel hinüber bringen.

Sie pflegen jährlich die Gräber ihrer Todten mit
Blumen zu bestreuen. Du erinnerst dich wohl, Kallias,
wie schön Klopstock diesen Gebrauch in seiner Elegie,
Rothschilds Gräber, besungen hat.

Kallias. Die Stelle ist sehr schön.

Sophron. Des großen Dichters und des guten
Königes werth, den er besang. Ich glaube nicht, daß
nach Heinrich dem Vierten von Frankreich ein König
einen so liebenswürdigen Charakter hatte, als Friedrich
der Fünfte von Dännemark. Er war nicht nur ein
Menschenfreund, er war ein Mensch, dessen Herz mit
jeder sanften und edlen Empfindung sympathisirte. Er
wäre so gern, wenn die Idee keinen Widerspruch in
sich sfaßte, Vater und König seiner Unterthanen zugleich gewesen. Weißt du die Stelle auswendig, so
wollen wir im Geiste diese schöne Blume auf das Grab
des Menschen legen, der auf dem Throne ein guter
Mensch blieb. Er ruhet neben Königen, unter schwerem Marmor, auf welchen keine Blume gelegt wird.

Kallias.

Daniens schöne Sitte, die selbst dem ruhenden Landmann
    Freudighoffend das Grab jährlich mit Blumen bedeckt,
Sei du festlicher jezt, und streu auf des Königs Gebeine,
    Auferstehung im Sinn, Kränze des Frühlings umher!
Schönes, erheiterndes Bild von Auferstehung! Und dennoch
    Trübt sich im Weinen der Blik, träufelt die Thrän' auf
                          den Kranz!

La Riviere. Auch die liebe, edle Maria Theresia ruhet unter kaltem und schwerem Marmor, auf welchen keine Blume gelegt wird!

Sophron. Aber wie viele Thränen sind darauf gefallen! wie viele fallen noch darauf!

IX.

Sophron. Die Sonntage und Feiertage sind unter allen christlichen Völkern Tage der Ruhe, nach welchen sich der ermattete Arbeiter und der schelmische Schulknabe sehnen. Für den Vornehmen und Reichen sind es nur zu oft Tage der Langenweile und freudenloser Zerstreuung.

Auch bei uns müsse jedes Werk ruhen an diesen Gott gewidmeten Tagen, ruhen der Mensch, aber nicht ausruhen. Wovon? Jedes Tages Arbeit ist leicht und froh, wo keiner fröhnet und jeder arbeitet. Die Bedürfnisse der Natur erfodern nicht viel. Im Schweiße ihres Angesichts werden auch die Inselbewohner ihr Brod essen, aber im gesunden Schweiß auf der heitern Stirn. Keine Seufzer folgen dem Pfluge, keine Thräne eines Armen fällt in die Kelter eines reichen Weichlings.

La Riviere. Dadurch gewinnen sechs Tage der Woche viel, unendlich viel! Aber verlöre der Sonntag nicht etwas? Ich erinnere mich noch so manches Sonntags aus den Tagen meiner Kindheit. Dann ruhten die Grammatik, das Rechenbuch, die mathematischen Ausübungen. Das Joch der Werktage hing, und ward staubig am Nagel in der Schule.

Hilaros. Uns wird das Studiren leicht gemacht, aber Sonnabend Nachmittag und Sonntag sind wahre Feste für uns.

Sophron. Auch für mich, ihr lieben Jünglinge!

Deinen Einwurf, La Riviere, muß ich beantworten. Von der einen Seite würde der Sonntag etwas verlieren, aber im Ganzen gewinnen. Nach dem Tag der Ruhe würde niemand schmachten, aber jeder sich freuen auf den Tag der Freude.

Kallias. Ich bin begierig etwas von dieser Freude zu kosten.

Sophron. Nach der frühen Morgenandacht werden einige Stunden in süßer, wahrer Geselligkeit hingebracht.

Kinder beiderlei Geschlechts spielen, Weiber und Jungfraun schwazen, Männer und Jünglinge unterreden sich, oder mengen sich unter die Weiber. Nach einigen Stunden beginnt der Gottesdienst.

Er fängt an mit gemeinschaftlicher Absingung einiger Lieder. Oft auch wechselt ein Vorsänger mit Chören, oft Chöre mit Chören, öfter ein Chor mit der Gemeine. Klopstocks goldener Traum sollte bei uns erfüllt werden *). Dann hält der Prediger eine kurze christliche Rede, kein entweihendes, kaltes oder sinnloses Gewäsch, sondern eine Rede voll der wahren evangelischen Herzlichkeit, Einfalt, himmlischen Salbung und Kraft. Aus dieser lautern Quelle fließet sein Gebet, welches nicht nur die Gemeine und die Insel,

---

*) S. seine Ode, die Chöre.

sondern alle Menschen in sich schließet. Der Gesang beschließt den Gottesdienst, wie er ihn begann.

Den Nachmittag rüsten sich die Weiber und die Jungfrauen auf des Abends Fest, und schmücken eine schöne Stelle, welche sie dazu auswählen. Blumen tragen sie und Früchte, Milch und Wein, leichte Speise jeder Art, in zierlichen Eimern und in buntgeflochtenen Körben.

An einer andern Stelle lagern sich Männer und Jünglinge im Schatten, und Greise lesen ihnen aus dem Buche der Vorzeit. Auch in der Insel wird das Andenken von Aristides und Sokrates, von Lükurges, Numa und Cato, Timoleon und Brutus, Tell und Luther, Doria, Gustav Vasa und Gustav Adolf gefeiert.

Ein andermal wird ihnen die Gestalt der Erde gezeigt, das Inselchen, auf welches das Glück ihre Väter hinführte. Sie werden im Lauf der himmlischen Körper unterrichtet und in deren Natur. Oder weise Greise leiten ihren Blick in die verborgnere Tiefe des menschlichen Herzens, lehren sie den Irrgängen der Seele nachspüren und schöpfen aus der Wahrheit lauterm Quell, nicht Brunnen graben, die kein Wasser geben für den Durst des Geistes. Sie warnen gegen der Leidenschaften Wuth, gegen des falschen Wizes blendenden Irrwisch, und entwickeln ihnen die ewige Verbindung zwischen Weisheit, Tugend und Freude; zwischen Thorheit, Laster und Harm.

Ihr wiſſet, wie ſchwer es dem großen Sokrates
ward, die Aufmerkſamkeit ſeiner Freunde von eitler
Spizfindigkeit verfänglicher oder bloß wiſſenſchaftlicher
Dinge auf ſeine einfältige, menſchenfreundliche Weis=
heit zu leiten. Mit keinen ſolchen Schwierigkeiten hät=
ten die ſanften Weiſen in unſrer Inſel zu kämpfen. Mei=
net ihr nicht, daß ihm und ſeinem ihm ähnlichſten Schü=
ler, dem edlen Xenophon, wohl werden würde im Lan=
de der Einfalt, der Freiheit, der von ſchmückendem
Tand nicht entſtellten Weisheit? Bei uns würde kein
von Natur edler Sertorius, im Kampfe mit ſeinem
Vaterlande, ſich nach den glücklichen Inſeln hinſehnen;
er würde in einer glücklichen Inſel ſein. *)

Jünglinge, Männer oder Greiſe, in deren Herzen
die heilige Flamme der Begeiſtrung ſteiget, ſagen hier
ihre Geſänge her. Ihnen lauſchet jedes Alter.

Gegen Abend, wenn kühlere Lüfte zu wehen begin=
nen, werden die männlichen Einwohner des Dorfs von
geſchmückten Jungfrauen eingeladen. Nun iſt die ganze
Gemeine verſammelt. Den Alten lacht das Herz, indeß

---

*) Als Sertorius, die Macht des Sylla fürchtend, nach
Afrika, und von da nach Spanien floh, fand er in Anda=
luſien Schiffer, welche von den glücklichen (kanariſchen)
Inſeln kamen. Da ergrif ihn, ſagt Plutarch, mächtige
Begierde in dieſen Inſeln zu wohnen, dort in Ruhe zu
leben, der Tyrannei entronnen und allen Kriegen.

Plutarch, Vol. III, pag. 313. Edit. Lond.

Söhne und Töchter, Enkelinnen und Enkel sich ergözen
in freiem kunstlosen Tanz.

Ins Herz strömende Musik belebt ihn; Musik, lebendig, sittsam und warm, wie die Lebensgeister einer
keuschen Jungfrau; Musik beseelet vom Geiste der
edlen, einfältigen Poesie.

Ungesehen würde die erste Liebe den Jüngling und
die Jungfrau berühren mit ihrem leisen Stabe, Liebe,
der Schönheit zugeleitet, an der Unschuld Hand!

Hilaros. Soll der Jüngling in der Wahl seiner
Braut auf seine Gemeine eingeschränkt sein?

Sophron. Nein. Die ganze Insel macht eigentlich nur Eine große Gemeine aus, Eine Familie, sollte
sie auch anwachsen zu hunderttausenden.

Wir haben gesehen, daß zehn Gemeinen einen Bezirk ausmachen. Die Jünglinge jeder Gemeine sollen,
nach abwechselnder Ordnung, jedes Jahr einige Wochen
in einer andern Gemeine ihres Bezirks zubringen. Diese
Einrichtung hätte mehr als Einen Vortheil. Da die
jungen Gäste, wo sie hinkommen, Theil an dem öffentlichen Unterricht nehmen, so wird der Vortrag der Lehre
für sie abwechselnder, und ein edler Wetteifer unter den
Jünglingen in den Uebungen, unter den Lehrern im
Unterrichte unterhalten. Auch werden die Uebungen man-
nigfaltiger, je nachdem die Lage des einen Dorfes von
des andern unterschieden ist. Der Ebne Zögling lernt

auf diese Art steile Höhen erklimmen, und der Gemsen=
jäger dehnet sein fliegendes Roß in der Ebne freierem
Lauf.

Wenn die Jünglinge, nach zurückgelegtem vier und
zwanzigsten Jahr, von der Bergreise heimkehren, wird
ihnen vergönnt die ganze Insel zu bereisen. Gefällt es
einem Jünglinge anderswo besser als daheim, so mag
er sich dort niederlassen. Dieser Fall würde selten sein,
denn jedem ist die Heimath lieb. Hält er sich irgendwo
als Gast auf, so wohnt er entweder im Hause eines
väterlichen Gastfreundes, oder die Viermänner weisen
ihm das Haus eines kinderlosen Mannes an. In beiden
Fällen lebt und arbeitet er wie ein Sohn des Hauses;
er nimmt als solcher an allen öffentlichen Uebungen und
Festen Theil, und kann auf diese Weise die Töchter des
Landes alle sehen.

Unverheirathet darf er kein Erbe antreten. Zwar
darf er neuen Boden für sich urbar machen, Speer
und Roß geben ihm einen Plaz unter den Männern, er
hat seine Stimme in der Versammlung, es wird ihm
aber kein öffentliches Amt betrauet. Man trauet demje=
nigen, welcher der häuslichen Glückseligkeit entsagen will,
wenig Eifer für das Wohl der Gemeine zu.

Große Feste werden mit besondrer Feierlichkeit be=
gangen. Die Sitte der Weihnachtsgeschenke an die Kin=
der, wird mit einem großen Kinderzastmahle verbunden,
bei welchem Erwachsne, selbst die Eltern, den Kin=

dern aufwarten. Sonst wird bei großen Gastmahlen jungen Mädchen, und in den Häusern den Töchtern dieses Geschäfte gelassen.

Früh am Ostertage versammelt sich die ganze Gemeine auf dem Gottesacker, jedes Geschlecht bei ,den Gräbern der Seinigen.

Auf ein gewisses Zeichen legen alle sich nieder zum kurzen Gebete, aus welchem die Stimme einer mit Blumen gekränzten Jungfrau sie aufruft: „Der Herr ist erstanden!" Die ganze Gemeine antwortet mit Gesang: „Auch wir erstehen!" Dann erheben sich wechselnde Chöre, die Auferstehung des Herrn und unsre künftige Auferstehung besingend. *)

Es bedarf keiner Predigt. Nach geendigten Gesängen streuen sie alle, Greise und Matronen, Männer und Weiber, Jünglinge und Jungfraun, auch die kleinsten Kinder, Blumen des Frühlings auf die Gräber.

Im Herbste wird auf einem Berge, und wo der nicht vorhanden, in den Weinbergen das Schöpfungsfest gefeiert.

Schweigend erhebet sich die Andacht der versammelten Gemeine auf Flügeln der Morgenröthe. So

---

*) Etwas ähnliches von dieser Sitte findet sich bei den Brüdergemeinen. Am Ostertage empfangen sie sich auf dem Kirchhofe mit dem Gruße: Der Herr ist wahrhaftig erstanden und Simoni erschienen!.

bald die Sonne sich zeigt, steigen mit ihr und dem Ge=
sang der Vögel laute Lobgesänge des Allmächtigen,
Allweisen, Allliebenden, von feiernden Chören empor.

Auch hier bedarf es keiner Predigt.

Kallias. Die Sonne selber ist der Prediger; feu=
rig und erhaben ist ihr Wort!

Sophron. Eine große, an einem Strome lie=
gende, von Bergen umgebene Ebne, ist der versammel=
ten Landsgemeine gewidmet. Dieser Ort wird auch
großen öffentlichen Spielen bestimmt, Spielen, welche
zweimal des Jahrs, einmal nach Bestellung der Felder
im Frühlinge, einmal nach der Weinlese gehalten
werden.

Der dritte Theil der Männer, der Jünglinge, und
aller Greise, welche Lust haben, versammeln sich hier
aus der ganzen Insel. Auch hier sind die Leibesübungen
der Männer von denen der Jünglinge unterschieden.
Diesen trauet man mehr Schnelligkeit zu, jenen mehr
Kraft.

Verschiedne Kränze von Laub, Blumen, Kalmus,
u. s. w. krönen die Sieger im Lauf, im Kampf, im
Steinwurf, im Schwung der Schleuder, im Tauchen,
im Schwimmen, im Spannen und im Gebrauch des
Bogens, im Lanzenschwung, im Tummeln des Rosses.
Der Sieger im Wettlauf des Rosses wird mit einem

kleinern Kranz gekrönt, als der, welcher sein Roß am besten zu tummeln weiß.

Greise, deren jeder Bezirk einen sendet, sind Richter und Belohner der Kämpfe. Diese Ehre wechselt in jedem Bezirke so ab, daß jede Gemeine alle fünf Jahr einen Kampfrichter sendet.

Die Jungfrauen der Gemeinen, aus welchen Männer oder Jünglinge mit einem Kranz in der vorigen Versammlung beehret worden, haben das Recht, unter der Aufsicht ihrer Matronen dem Spiele beizuwohnen.

Auch Dichter kämpfen um den Preis des Gesangs. Die Mehrheit der Stimmen giebt diesen Preis, und hier haben auch die Jungfrauen Stimmen.

Doch darf kein Lied gesungen werden, welches nicht von den Greisen geprüft worden.

Kallias. Wird aber der Kranz der Versammlung des Dichters wahren Werth bestimmen?

Sophron. Zum wenigsten oft. Gleichwohl stehet dem Dichter ein Appell frei, ein Appell an Richter, die er nicht zum Spruch auffodert, die aber so streng als gerecht sind.

Kallias. Meinest du das Volk oder die Nachwelt?

Sophron. Beide. So wie kein Lied in der Versammlung erschallet, welches nicht von Greisen ge-

prüft worden, so würde das Lied des gekränzten und
des ungekränzten Dichters erst vom Volke, dann von
der Nachwelt, beurtheilt.

Kallias. Wenn aber das Volk ein Gedicht nicht
zu schäzen wüßte, so käme es nicht auf die Nachwelt.

Sophron. Der lebendige, starke Strom arbeitet
sich durch Felsen; laß den schwachen sich im Sande ver=
lieren, an ihm ist nichts verloren.

Kallias. Du hast gut reden, Sophron!

Sophron. Auch in voller Heerschau werden Män=
ner und Jünglinge kriegrisch geübt; geübt im stillste=
henden Kampf, in leichten Streifereien zu Pferd und
zu Fuß, in Vereinigung und Entwicklung der Schaa=
ren, im Nachsaz, im Angrif mit dem lauten Feld=
geschrei.

Unterrichtet in der Völker Geschichte, wissen sie, daß
Nazionen sind unterjocht worden, wissen, daß Fluten
des Meers ihnen keine Sicherheit gegen die Raubsucht
der Europäer geben, daß ihrem Arm und ihren Sitten
allein ihre Freiheit anvertrauet ward.

La Riviere. Laß uns einmal den Fall denken, daß
unsre Insel von Fremden entdeckt würde, welche Maß=
regeln wären alsdann zu ergreifen?

Sophron. Eine Flotte gehet nicht auf Entdeckun=
gen aus; es käme also ein Schif, oder ein kleines Ge=
schwader.

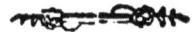

Beim erſten Anblick der Inſel würden die Ankömm=
linge wilde Einwohner vermuthen. Je näher ſie kämen,
deſto ſichtbarer würden ihnen die Zeichen von Kultur.
In der Erwartung eines kecken Widerſtandes würden
vielleicht viele Gewafnete, unter Anführung des Kapi=
täns, in der Schaluppe landen.

Unſre Küſtenbewohner und Fiſcher hätten lange ſchon
das Schif geſehen. Die Mannſchaft des Bezirks em=
pfinge die Fremdlinge, den Speer nachläſſig in der
Hand haltend. In einer kleinen Entfernung vom Ufer
würden Weiber ein Mahl bereiten.

Ein Greis ginge mit mildem Ernſt den Fremdlingen
entgegen, in der Rechten eine Waizenähre zeigend, in
der Linken den Speer. Er redete ſie in unſrer Sprache
an. Vielleicht würde er von einem unter ihnen verſtan=
den, vermuthlich würden ſie wenigſtens hören, daß
unſer Völkchen europäiſchen Urſprungs wäre.

Verſtünden ſie den Greis nicht, ſo redete er durch
Zeichen. Auch einem wüthenden Pizarro ſollte die Luſt
vergehen uns anzugreifen. Thäten ſie es, ſo würden ihre
Handblize uns nicht befremden, und ein fürchterlicher
Pfeilhagel würde ſie treffen. Fliehende würden wir
nicht verfolgen; ließen ſie einige Lebende im Stich, ſo
würden wir vor ihren Augen ihre und der getödteten
Waffen an Felſen zerſchmettern, und ihnen dann Kähne
geben, um das Schif zu erreichen.

An der Stäte, wo sie gelandet wären, würden sie begraben, und ein Steinhaufe, mit einer in Stein gehauenen Inschrift, würde von ihrer verunglückten Unternehmung zeugen.

Ließen aber die Fremdlinge sich unsre Aufnahme gefallen, so würden sie freundlich bewirthet. Wollten sie die Nacht bleiben, so müßten sie uns ihre Waffen als Geißeln anvertrauen. In Frieden, mit Lebensmitteln aller Art reichlich beschenkt, lassen wir sie ziehen. Bedarf ihr Schif einer Ausbesserung, so wird ihnen Ort und Zeit dazu eingeräumt. Ehe sie uns verlassen, geben wir ihnen das Schauspiel unsrer kriegrischen Uebungen zu Fuß und zu Pferde.

Wären unsre Gäste Engländer, so würden sie die Freundschaft eines freien Volkes suchen. Wir würden ihnen mit dankbarer Freundlichkeit zu verstehen geben, daß allen Umgang mit Fremden zu meiden, keine Art des Handels zu treiben, kein Geschenk anzunehmen, den Gebrauch des Geldes zu verabscheuen, heilige Sitte unsers Volkes sei. Außer den andern Geschenken, mit welchen wir sie entließen, gäben wir ihnen ein ehernes Täflein, auf welchem unsre Geseze gegraben wären.

Von der Zeit an, da uns diese Besucher verlassen hätten, würden wir nach Verlauf einiger Monate Küstenbeobachter anstellen, und auf den vornehmsten Höhen Holzhaufen aufrichten, um durch Feuerzeichen im

H

Nothfall, wie die braven Schweizer, in kurzer Zeit des Vaterlandes Mannschaft zu versammeln.

Käme nun eine Flotte, so duldeten wir nicht die Landung vieler auf einmal. Der ersten Schaluppe würde sie zugestanden, den andern würde Entfernung gewinkt. Nahen sie dennoch, so werden sie mit Stangen abgehalten, und nach der ersten Feindseligkeit, welche die Fremden wagen, spielen unsre Waffen mit Nachdruck. Weiber, Kinder und Greise werden indessen mit den Herden, unter einer Bewachung in einen andern Bezirk, und wofern es das Ansehen eines dauernden Krieges gewinnt, in die Gebirge gebracht.

Hier sind schon jährlich, auf den Fall eines Mißwachses oder Krieges, große Kornmagazine aufgehäuft worden.

Wie Reigen der Tanzenden lösen unsre Krieger sich im Kampfe ab. Keine Ruhe wird dem Feinde gegönnt.

Kühne Taucher hauen die Ankerseile der Schiffe ab und machen die Schaluppen leck. Die erste Bitte des Friedens wird gleich gewährt; verwandeln sie aber den Frieden in einen tückischen Waffenstillstand, so lassen wir nur einige in Kähnen entrinnen, um dem Schifsvolk den Tod seiner Genossen zu melden.

Kriegsgefangne können wir nicht brauchen; sie würden uns gefährlicher sein als der gewafnete Feind.

Sterben müßten die Räuber und Mörder verdienten
Tod.

Nach der ersten Friedensbitte würden den Feinden
Kähne, und sogar so viel Lebensmittel gegeben, als sie
in den Schiffen für die Zeit der Rückfahrt brauchen
könnten. Auch sie bekommen ein ehernes Täflein unsrer Geseze; auch ihnen würde, gegen Auslieferung
von Geißeln, erlaubt auf unsrer Küste ihre Schiffe aus-
zubessern.

Ich sehe wirklich die Möglichkeit nicht ein, daß wir
im Streit gegen sie verlieren könnten.

Unsre Pfeile fliegen und tödten troz ihrem Blei; unsre Speere sind stärker als ihre Bajonette.

Wenn ich zugebe, was mir doch völlig unmöglich
scheint, daß sie sich des Blachfelds bemächtigen, so
bleiben uns die Gebirge, wo unsre Herden, die Jagd
und die Fischerei, — wo die Aecker der Feinde sogar,
die wir beständig beunruhigen —..uns so lang ernähren,
bis wir sie vertilgt haben.

Aber ich wiederhole es, daß ich diesen Fall, der
Einnahme des flachen Landes, für ganz unmöglich
halte. Ich weiß wohl, daß junge Offiziere oft — und
es gereichet ihrem Begrif vom Muth eines Kriegers
nicht zur Ehre — dafür halten, daß der Kriegsgott in
der Patrontasche festgebannt sei, wie jener Geist, von

H 2

welchem die wizige Prinzessin Scheherasade dem schlaf-
losen Schach erzählte, *) in einer Flasche gefangen
war; aber ein wahrer Krieger, ein Menschenkenner,
wird nicht dieser Meinung sein. Er weiß, daß Tapferkeit eine Tugend sei, und daß die Erfindung eines
Mönchleins wahre Tugend zu höhnen, ihr den Kranz
des Sieges zu nehmen nicht vermochte. **)

Cortes und seine kühne, habsüchtige und fanatische
Rotte, verbanden teuflische Arglist mit außerordentli-
cher Unerschrockenheit, welche allein gegen tapfre Mexi-
kaner nichts ausgerichtet hätte. Und wie oft waren sie
nicht in der größten Gefahr! Solche kecke Räuber würden aber gegen die kühne Heldenschaar eines einfältigen
und freien Volkes, welches gleichwohl zu unterrichtet
wäre, um sich durch List berücken, oder durch den Bliz
des Pulvers blenden zu lassen, nichts vermögen.

In solcher Räuber Erwartung würden die Knaben
erzogen; die Gespräche der Greise, die Gesänge der
Dichter, würden sie oft zum großen Nazionalgegen-
stand erwählen.

*) S. Tausend und Eine Nacht.

**) Bekanntlich wird die Erfindung des Schießpulvers einem
deutschen Mönch, Berthold Schwarz, aus dem dreizehn-
ten Jahrhundert zugeschrieben. Wir hätten Unrecht auf
diese Erfindung stolz zu sein, wenn auch die Chineser sie
uns nicht mit wahrscheinlichen Gründen streitig machen
könnten.

Nur erwarten, nicht scheuen, würden wir einen äußern Feind, und keinen innern hätten wir zu befürchten. Wenn der ungeheure Gedanke der Herrschsucht einen Cäsar oder Catilina unter uns mit seinem Wahnsinn erfüllte, so würden ihm alle Bewegungsgründe fehlen, durch welche jene einen Theil ihrer Mitbürger gegen das Vaterland zu empören vermochten; er würde vielleicht verzehrt werden von seiner innern Wuth wie ein toller Hund, aber nicht wie ein toller Hund sie andern mittheilen können.

X.

Sophron. Findeſt du nun, o Kallias, daß das Gute, welches wir durch unſre Verfaſſung zu erreichen ſuchten, nicht einiger Opfer werth, oder daß diejenigen, welche wir ihm brächten, zu groß wären?

Kallias. Ich würde mich an der Tugend ſelber verſündigen, wenn mir irgend ein Opfer zu Erreichung eines ſolchen Zwecks noch zu groß ſchien. Iſt nicht Veredlung des Menſchen der Wiſſenſchaften wahres Ziel? Und was iſt Adel der Menſchheit, als kindliche Furcht Gottes, in reiner Herzens- und Sitteneinfalt, beſeligende Tugend, Freiheit in der Ruhe Schooß?

Sophron. Laſſet uns einmal ſehen, auf welche Wiſſenſchaften, und in wie fern wir Verzicht auf ſie thäten.

La Riviere. Weisheit — Wiſſenſchaften; reine Sitte — Geſeze; Chriſtenthum — Theologie; Poeſie — Poetik; Philoſophie — Weltweisheit; Heldenmuth — Taktik; lebendiger Geiſt — tödtender Buchſtabe; dieſe Dinge ſtehen, däucht mir, in gleichen Verhältniſſen.

Kallias. Ließe ſich nicht vielleicht das Wort des Anacharſis ſo gut auf die Wiſſenſchaften als auf die Geſeze anwenden? Oder darf ich es noch etwas weiter ausdehnen? Viele, auch nicht unberühmte Gelehrte, Weltweiſen, Hypotheſenſpinner, würde ich mit künſtlichen Spinnen vergleichen; der gelehrte Pöbel bleibt hangen

in den feinen Geweben, von Zeit zu Zeit bricht mit star=
kem Fluge ein Genie durch. Freilich spinnt die geschäf=
tige Künstlerin von neuen, und eben so wie vorher.

Sophron. Indessen sind nicht alle Geseze für
zufällige Verhältnisse, nicht alles in den Wissenschaften
ist aus Hypothesen gesponnen; was in beiden auf Na=
tur der Dinge und auf Wahrheit gegründet ist, da fliegt
auch kein kühner, gehörnter Schröter durch.

In unsrer Insel hätten wir keine Weltweisen, aber
Liebhaber der Weisheit, Philosophen, im bescheidnen
Sinne dieses Worts, welches Sokrates einführte, weil
er keinen Antheil am vermeßnen Stolze der Sophisten,
oder Weltweisen seiner Zeit, nehmen wollte. Er brachte
sein schönes Leben damit zu, die Philosophie aus dem
luftigen Wolkenhimmel, in welchem sie spuken ging,
herab zum Menschen zu leiten, ihn von der Betrach=
tung ihm fremder Dinge auf die Betrachtung sein selbst
zu bringen, und seines Verhältnisses zu Gott.

Platon, sein erhabner Schüler, blendet oft mit
falschem Licht, wenn er den Pfad des edleren, einfäl=
tigern Lehrers verläßt. Wenn er ihm folgt, so leuchtet
er uns mit mildem Glanze vor. Der treuere Xeno=
phon blieb immer auf des gemeinschaftlichen Lehrers
Spur. Welcher sanfte, reine, edle Geist athmet aus
den Schriften dieses unsterblichen Weisen! Das milde
Feuer, welches ihn innerlich durchglühte, belebt mit gleicher
Kraft Xenophon den Pfleger sokratischer Weisheit, und

Xenophon den Helden. Die zehntausend Griechen, welche nach dem Tode ihres Feldherrn ihn zum Anführer erwählten, weil er ihnen Muth eingab in den schrecklichsten Gefahren, welche je ein Heer umgeben haben, den Entschluß der Heimkehr zu fassen, und zur Bewunderung aller folgenden Zeiten auszuführen, diese zehntausend Krieger einer schon entarteten Zeit wurden Helden durch ihn, bahnten sich durch Wüsten, reißende Ströme, zahllose Feinde, mit siegreichem Speer einen Pfad des Ruhmes von den Ufern des Euphrates an, und sezten Tropäen, wo nach ihnen die fürchterlichsten Heere Roms, theils von Feinden, welche nur ein Bruchstück der persischen Macht waren, vertilgt wurden, theils mit Noth dem Untergang entrannen.

So viel vermochte sokratische, einfältige, daher sich mittheilende, leuchtende Weisheit eines Mannes! O daß er durch die Treulosigkeit eines eigennüzigen Wahrsagers nicht wäre verhindert worden, mit dieser Heldenschaar eine Republik in Pontus zu gründen! *) Welches lebende Denkmal seiner Weisheit hätte Xenophon zurückgelassen! Wie groß gegen die Republik des Platon, die in zehn Büchern ein Schattenleben lebt, zwar angehaucht vom großen Hauch ihres Stifters, aber uch wie vieler Grillen voll!

Sehet den Cicero, diesen großen, edlen Mann, der neben höheren Verdiensten, auch dieses hatte, daß er

*) S. Xenophon, Αναβ. βιβλ. s, κεφ. ζ und weiter.

der gelehrteſte Mann eines ſehr aufgeklärten Jahrhun=
derts war; Cicero, um deſſen großen Geiſt ſich alle
Wiſſenſchaften, wie Krieger um die Fahne ſammelten,
deſſen Troſt ſie in böſen Zeiten waren; wie ſehnte der
ſich zurück in die Jahrhunderte einfältiger Weisheit, in
die Tage des Regulus, des Cincinnatus!

Oder war etwa Fabricius, den der plözlich vorge=
führte Elephant des epirotiſchen Königs ſo wenig wie
ſein Gold aus der Faſſung brachte, ein geringerer Phi=
loſoph als der gelehrte Seneca?

Mehr als Seneca wiſſen unſre Gelehrten; aber
kränkelt nicht oft ihr Geiſt, im ſiechen Körper, an un=
mäßiger Wißbegierde? Iſt nicht Hypochondrie der ge=
wöhnliche Zuſtand unſrer Gelehrten, da hingegen die
Weisheit zu allen Zeiten Hand in Hand mit der Heiter=
keit einherging?

Findet ſokratiſche Weisheit Gehör im Jahrmarkts=
gewirre wiſſenſchaftlicher Kenntniſſe? Können Gelehrte
unter beſtändiger Aufhäufung erworbener Vielwiſſerei
eine freiathmende, ihrem göttlichen Urſprung nachſtre=
bende Seele behalten? So wenig als Geſundheit des
Leibes bei ihrem auf unthätigem Seſſel hingehaltenen
Leben.

Wie wenigen unter ihnen iſt es möglich ſich ſtark zu
erhalten,

Auf daß der ganze Menſch von feiger Schwäche frei,
Und im geſunden Leib geſund die Seele ſei! *)

*) Ut ſit mens ſana in corpore ſano. Hor.

Diese Entartung kannten die Alten nicht. Immer ging ihr Bestreben dahin, die gesunde Harmonie im ganzen Menschen zu erhalten, eine Harmonie des Geistes und des Leibes, welcher sie die Musik und die Gymnastik (Leibesübungen) zu Wächtern sezten. Ihr wisset, daß der Name der Musik bei ihnen Poesie und Musik mit einander verband.

O meine Freunde, wie gern wollten wir, im Schooße der Natur wie ihre Kinder ruhend, des königlich französischen Naturalienkabinets, und vertraut mit dem Werke Gottes, das süßer als Honig ist und die Augen des Geistes hell macht, aller Theologien entbehren!

Wir hätten keine großen Aerzte, aber auch keine systematischen Mörder, keine Folterer nach so oft falsch angewandten Regeln einer an sich ehrwürdigen Kunst. Wie entbehrlich wäre uns eine Wissenschaft, welche sich mehrentheils von der Unmäßigkeit der Menschen nährt!

Wären wir durch die Unbekanntheit mit allen Krankheiten, welche Fülle des Bauches, schändliche Begierden, getäuschte Hofnung des Ehrgeizes, hofnungslose gegenseitige Liebe, übertriebne Anstrengung des Geistes, Sorgen des Geizes, auf der einen Seite; Hunger, Blöße, Unterdrückung, das ganze Gefolge niederschlagender Ungleichheit auf der andern Seite, hervorbringen; nicht gesünder, als durch die ganze medizinische Wissenschaft, die doch im izigen Verhältniß der Dinge vielleicht die menschenfreundlichste aller Wissenschaften ist?

Nach den Labyrinthen der Jurisprudenz würde sich
gewiß keiner sehnen, und viel weniger nach dem Geschwäz unsrer Afterpolitiker, welche den Wohlstand eines
Phantoms, das sie den Staat nennen, von der Glückseligkeit aller einzelnen Bürger nicht nur trennen, sondern ihn mehrentheils auf dieser ihren Trümmern
zu erheben suchen? Noch auch nach den Theidingen
jener Statistiker, welche die Glükseligkeit der Reiche, das höchste menschliche Interesse, in ängstliche
Berechnungen des umlaufenden Geldes, Anlegung von
Fabriken, wo Menschen zu leblosen Rädern einer Maschine werden, oder Ausbreitung eines Handels sezen,
in welchem oft ein Staat so gegen den andern handelt,
wie auch der ehrloseste einzelne Bürger, aus Furcht vor
dem Galgen, nicht handeln darf? Als ob — um mich
der Worte eines Weisen zu bedienen — unser ganzes
Leben ein Manufakturwesen wäre, und das Ende der
Welt eine Frankfurter Messe! *)

Von der Geschichte behalten wir die schönsten Beispiele der Tugend, der Selbstverläugnung, welche die
Seele der Tugend ist. Mit Abscheu wird Cäsar genannt
werden, mit bewundernder Liebe der gute Regulus.
Auch dürfen wir unsern Nachkommen die Thorheit und
die Schande der Menschheit nicht verbergen. Durch
fremde Erfahrungen sollen sie sehen, daß Abweichung
von der Einfalt in Laster, Knechtschaft und Elend stürze.

*) Asmus, IV. Th. S. 55.

Nicht Knaben, aber Jünglinge sollen schaudernd erfahren, wie Europäer ein neugefundnes Welttheil mit dem Blute seiner harmlosen, rechtmäßigen Bewohner befleckten, und sich dieses Welttheil durch einen Priester in Rom als Erbtheil zuerkennen ließen!

Sie sollen erfahren, daß in dem Europa, welchem ihre Väter entrannen, oft um der Erbfolge eines Prinzen, um der eingebildeten Beleidigung seiner Tochter oder Schwester willen, viele Tausende als Schlachtschafe aufgeopfert werden! Daß zu allen Zeiten Tausende es für Pflicht und Ehre halten, ohne Erwägung des Rechts und des Unrechts sich dem bezahlten Tode entgegen führen zu lassen, und mit Feuer und Schwerd Länder zu verheeren, denen das Interesse des Krieges so fremd als ihren Mördern ist.

Wie werden sie sich wundern, daß in den Ländern der verfeintesten Kultur, in christlichen Ländern, zwar die Uebereilung eines Jähzornigen mit dem Tode gestraft wird, wenn der Verwundete innerhalb neun Tagen stirbt, daß aber kaltabgeredeter Wechselmord nach Grundsäzen europäischer Ehre nicht gestraft, die Weigerung dieses Mordes aber an dem, welchem „die Ehre bei „den Menschen nicht lieber ist als die Ehre bei Gott," *) oft durch Verachtung und Entsezung seiner Würde geahndet wird!

*) Joh. XII, 43.

Wie werden sie sich wundern, daß in manchen Län=
dern Europens der nüzlichste Theil der Einwohner, wel=
cher dem Joch der Arbeit erliegend, ungemeßne Felder
baut, mit Weib und Kind ein Eigenthum stolzer Mü=
ßiggänger ist, welche oft einen Hund gegen einen Men=
schen eintauschen!

Wie werden sie mit Abscheu erfüllet werden, wenn
sie hören, daß Europens Völker an den äußersten Küsten
von Afrika wüthende Kriege unwissender Barbaren arg=
listig befördern, um ihre Kriegsgefangne zu kaufen!
oft auch für eine Flasche entnervenden Getränkes *)
vom Vater den Sohn kaufen und den Vater vom Sohn,
diese Unseligen einer andern Weltgegend zuführen, sie
und ihre Nachkommen als gerechterworbnes Eigenthum,
wie gekaufte Rinder, betrachten, und unter der blutigen
Geißel teuflischer Vögte zu einer Arbeit anstrengen, die
kein Muselmann seinem Vieh zumuthen würde! Und
das um Gewinstes willen! Das wird von christlichen
Regierungen erlaubt, befördert, ermuntert, geheißen!
Priester Gottes schämen sich nicht, um gesegneten Fort=
gang eines solchen Handels öffentlich in seinen Tempeln
den Gott der Liebe anzuflehen!

La Riviere. Aber verschwiegen wir ihnen nicht
lieber solche Gräuel?

*) Aus Sparsamkeit wird dieser verruchte Handel oft mit
   einem schlechten Rum getrieben, der bloß hiezu aus dem
   Abfall des Zuckers bereitet wird, und eine Art nicht lang=
   sam tödtenden Giftes ist.

Sophron. Ich denke, nein! Die Wurzeln menschlicher Begierden können wir nicht aus menschlichen Herzen reißen. Daher ist es nicht gleichgültig, daß sie sehen, wie eitles Vorurtheil blenden, wohin die unselige Begierde nach mehr führen könne! Es ist nicht gleichgültig, daß ihnen die Folgen der Ungleichheit einleuchten!

Eben diese Ungleichheit bringt die seltsame Vertheilung von Kenntnissen mit sich, nach welcher einige Menschen Gelehrte sind, indessen das Volk in schmählicher Barbarei lebt.

Bei uns wüßte jeder was zur Nahrung des Geistes und zur Veredlung des Herzens dient. Und welche neue Quellen würden ihnen in unsern heiligen Büchern aufgethan!

Kallias. Neue Quellen?

Sophron. Neue, weil so wenige aus ihnen schöpfen. O meine Freunde, noch immer „verläßt der „Mensch die lebendige Quelle, und macht hie und da „ausgehauene Brunnen, die durchlöchert sind und kein „Wasser geben," *) wie der Prophet von seinen Zeiten klagt.

Wer die heiligen Schriften nur mit derjenigen Aufmerksamkeit und unbefangnen Gesinnung läse, mit welchen wir die unsterblichen Werke der Griechen lesen, auch der würde unergründliche Tiefen der Weisheit in

*) Jer. II, 13.

Schriftstellern finden, welche zum Theil tausend Jahr
vor dem griechischen Weisen lebten, welcher Märty-
rer seiner Lehre von einem weisen Urheber der Welt
ward. *)

Habt ihr je mit wahrer Aufmerksamkeit den Hiob,
die Psalmen, den Salomo, die Propheten, gelesen?

---

*) Anaxagoras lebte zu den Zeiten Perikles, dessen Lehrer
er war, ungefähr tausend Jahr nach Moses, und wahr-
scheinlicher Weise noch länger nach Hiob, für dessen höheres Alterthum als des Moses starke Gründe vorhanden
sind. (S. Herder vom Geist der Ebräischen Poesie.) Die
Philosophen vor Anaxagoras glaubten zwar Götter, aber
hielten diese entweder für vergötterte Menschen, oder für
Söhne des Himmels und der Erde; Himmel und Erde
aber für Kinder der Nothwendigkeit und der Materie.
Anaxagoras glaubte zwar auch noch an die ewige Materie, sagte aber zuerst, daß ein ewiger, weiser Urheber sie
geordnet habe, und diese ordnungsvolle, schöne Welt mit
eben der Weisheit erhalte, mit welcher er sie erschaffen.
Auch Freiheit des menschlichen Willens lehrte er. Die
Athenienser sprachen sein Todesurtheil, welchem aber
jeder atheniensische Bürger durch selbstgewählte Landes-
verweisung entgehen konnte. Diese Zeit ward jedem, eh'
er gefänglich eingezogen ward, gelassen. Ein Umstand,
welchen die Feinde der Alten oft nicht zu wissen scheinen.
Anaxagoras starb in Lampsakos. Er hatte sein ganzes
Leben der Weisheit gewidmet, und dieses schöne Leben
des edlen Mannes machte der Weisheit wahre Ehre.

S. Plut. im Perikles, und Meiners Gesch. der
Wissensch. I. Th. 664—90.

Verzeihet mir diese Frage, und lasset uns das heutige
Gespräch mit einem Spruche des frühesten Weisen und
Dichters schließen:

„Es hat das Silber seine Gänge, und das Gold
„seinen Ort, da man es schmelzet.   .

„Es bricht ein solcher Bach hervor, daß, die darum
„wohnen, den Weg daselbst verlieren, und fället wieder,
„und schießet dahin von den Leuten.

„Man bringet Feuer unten aus der Erden, da doch
„oben Speise auf wächst.

„Man findet Safir, und Erdenklöße, da Gold ist.

„Den Steig kein Vogel erkannt hat, und kein
„Geiersauge gesehen.

„Es haben die stolzen Kinder nicht darauf getreten,
„und ist kein Löwe darauf gegangen.

„Man reißet Bäche aus den Felsen, und alles was
„köstlich ist, siehet das Auge.

„Man wehret dem Strom des Wassers, und brin=
„get, das verborgen darinnen ist, ans Licht.

„Wo will man aber Weisheit finden? und wo ist
„die Stäte des Verstandes?

„Niemand weiß wo sie lieget, und wird nicht fun=
„den im Lande der Lebendigen.

„Der Abgrund spricht: sie ist in mir nicht; und
„das Meer spricht: sie ist nicht bei mir.

„Man kann nicht Gold um sie geben —

„Die Weisheit ist höher zu wägen denn Perlen. —

„Woher kommt denn die Weisheit? und wo ist die
„Stäte des Verstandes?

„Sie ist verhohlen vor den Augen aller Lebendigen,
„auch verborgen den Vögeln unter dem Himmel.

„Das Verdammniß und der Tod sprachen: Wir
„haben mit unsern Ohren ihr Gerüchte gehöret.

„Gott weiß den Weg dazu, und kennet ihre Stäte.

„Denn er siehet die Ende der Erden, und schauet
„alles was unter dem Himmel ist.

„Da er dem Winde sein Gewicht machte, und sezte
„dem Wasser sein gewisses Maß;

„Da er dem Regen ein Ziel machte, und dem Bli=
„zen und Donner den Weg;

„Da sahe Er sie, und offenbarete sie, bereitete sie,
„und erfand sie;

„Und sprach zum Menschen: Siehe, die Furcht
„des Herrn, das ist Weisheit; und meiden
„das Böse, das ist Verstand. *)

*) Hiob, Kap. XXVIII.

J

XI.

Kallias. Ich habe in diesen acht Tagen mehr in unsrer Insel, als hier an der Donau zugebracht.

Sophron. st! st! Saget es nicht an zu Gath! verkündigets nicht auf der Gassen zu Asklon! *)

Hilaros. Wie so?

Sophron. Weil es gewisse Leute giebt, die solche Ideen für sehr gefährlich halten. Bezahlte Sachwalter der wirklichen Welt, klagen sie jeden des Verbrechens der beleidigten Realität an, der sich nur Einmal einen Wunsch außer den bestrickenden Verhältnissen um uns her erlaubt.

So wie es Hausherrn giebt, die auch der traulichen Schwalbe keinen Winkel im Gesimse ihrer Scheunen gönnen, wiewohl sie ihnen kein Körnchen entwendet, sondern mit fühlloser Hand ihr hangendes Nestchen herunter reißen, weil freilich Schwalben nicht Hüner sind: so dulden auch gewisse Ehrenmänner unschuldige Träume der Phantasie nicht; meinen, es thue solches alles ihren Gözen Abbruch; möchten gern eine Nachtigall aus dem Busch fangen, weil sie ihre Fröhnlinge einen Augenblick verführen könnte, auf der Sense zu ruhen.

*) II Sam. I, 20.

Solche Leutlein halten die keuschen Musen für gefährliche Sirenen, und dünken sich weise wie Odüsseus zu sein, *) wenn sie andern die Ohren gegen diesen Gesang verstopfen. Sie selbst haben nichts zu befürchten, sondern gleichen „der Otter, die ihr Ohr zustopft, daß „sie nicht höre die Stimme des Zauberers." **)

Einen Mann, der solche Träumereien, wie sie sie nennen, der lieben Jugend mittheilt, halten sie für einen Störer der Ruhe, der gleich dem Ratzenfänger von Hameln die Kinder durch süße Töne verführt.

Sie möchten gern jede Phantasie dieser Art durch öffentliche Verordnungen verbieten lassen, wie der Kühreigen in Frankreich und in Holland verboten ist.

Hilaros. Was ist der Kühreigen?

Sophron. Die Weise der Musik, mit welcher die Hirten in der Schweiz das Vieh im Juni aus den Thalweiden auf die hohen Alpen treiben. Einen Schweizer, welcher diese Weise hört, erfüllet süße Sehnsucht der Heimath. Oft entliefen Soldaten, wenn der Zauber dieser einfältigen Töne ihnen Gewalt anthat, unwiderstehlich sie hinreißend nach den Hütten der Unschuld und der Freiheit.

Kallias. Sokrates ward beschuldigt, daß er durch seine Reden, wie durch Zauberkünste, den Jünglingen die Weisheit der Sophisten verleidet hätte. Aber So-

---

*) Homer, Odüssee.   **) Pf. LVIII, 5. 6.

krates redete und lehrte so lang er lebte, auch noch im Kerker, als er den Todesbecher an den Lippen hielt. Lieber Sophron, wir würden auch im Kerker dich nicht verlassen.

Sophron. Eure Liebe wäre eines Lehrers werth, wie Sokrates war. Ich bin nicht Lehrer, bin kein Sokrates; aber treu meinen Freunden, wie er. Mit Jünglingen und Greisen gehe ich am liebsten um. Im Mittage meines Lebens sind der Lenz und der Herbst mir die liebsten Jahrszeiten.

Du, Kallias, hast also diese acht Tage in meiner Insel gelebt; wie gefällt dir die neue Lebensart?

Kallias. Sagen nicht die Schweizer, daß der Anblick solcher Gewölke, welche Schneegebirgen ähnlich sehen, ihnen das Heimweh gebe? Lieber Sophron, ich habe dieses Inselweh mit mir umhergetragen, und erfahre das Gegentheil von dem, was die Gefährten des Odüsseus erfuhren, als sie den Lotos gekostet hatten. *) Sie wollten das Land, welches dieses Zaubergewächs hervorbrachte, nicht verlassen, weil sie drinnen waren, die Glücklichen! Mir brennet der vaterländische Boden unter den Füßen, aus Sehnsucht jener neuen idealischen Heimath!

Sophron. Was würde nun gar aus dir werden, wenn du den Kühreigen der Insel, die Gesänge ihrer künftigen Dichter hörtest?

*) Homer, Odüssee.

Kallias. Du bist kühn, Sophron, diese zarttönende Saite meines Herzens zu rühren; sie allein tönet nicht das Lob der Insel. Vielmehr ist der Gedanke an Homer, Ossian, Shakespear, Milton und Klopstock allein vermögend, mich mit der Welt, in welcher ich lebe, auszusöhnen. Denn in der That, diese zu verlassen würde mir die Reise schwer machen.

Sophron. Diese und einige andre Dichter der Alten, auch ihre Geschichtschreiber und Philosophen, einige andre Schriftsteller aus der alten und neuen Zeit, würden auch mich eine wehmüthige Thräne weinen machen. Wie viel bin ich ihnen nicht schuldig! Ihre Worte sind eine männliche Feldmusik, welche bald dem Krieger, im ermüdenden Marsch durch Sandwüsten des Lebens, neue Kräfte giebt, bald ihn im Antliz der Feinde mit Muth und Verachtung des Todes entflammt!

Kallias. Stelle dir einmal vor, Sophron, daß die Muse Griechenlands, mit allen ihren unwelkenden Blumen geschmückt, gekrönt mit den Kränzen der Ilias und der Odüssee, die vom Thau der Unsterblichkeit glänzen und duften, plözlich uns erschiene, wenn wir eben ins Schif steigen wollten; wer würde eisern genug sein, um da standhaft zu bleiben?

Sophron. Erinnerst du dich der schönen Stelle in der Ilias, wo die troischen Greise, auf dem skaii-

schen Thore sizend, Helena, die sich ihnen nähert, erblicken?

Kallias.

Aber es saßen die Aeltsten des Volks auf dem skaiischen Thore,
Alters wegen rastend von Schlachten; in der Versammlung
Redner, reich an Rath; sie waren Grillen zu gleichen,
Deren heller Gesang auf Bäumen des Haines ertönet.
Also saßen die Aeltsten des Volks auf dem Thurme des Thores.
Als sie Helena sahn, die nun dem Thurme nahte,
Raunte einer dem andern ins Ohr die geflügelten Worte:
Traun, es ist nicht zu verübeln den schöngeharnischten Griechen
Und den Troern, so viel ob solches Weibes zu leiden;
Denn den Unsterblichen gleichet sie schier an schöner Gebehrde!
Dennoch kehre sie, schön wie sie ist, nur wieder nach Hause,
Ehe unsern Kindern und uns ein Unfall begegne! *)

Sophron. Ich bedarf euch nicht zu sagen, daß
ich bloß in Absicht auf ihre himmlische Schönheit
die griechische Muse, und besonders die Muse Homers,
mit der Helena vergleiche; an Tugend verdient die ho-
merische mit der edlen Andromache verglichen zu
werden.

Kallias. Und doch! und doch! eiserner Mann!

Sophron. Winket mir nicht auch in Reizen des
Himmels Klopstocks Siona?

Kallias. Eiserner Mann!

Sophron. Du bist grausam, nicht ich, daß du
mich so oft zwingest bei einem Opfer zu verweilen, wel-

*) Hom. Ilias, Ges. 3.

ches mir so schwer wird. Du hast ja alle meine Gründe
gehört; laß uns einmal sehen, ob nicht auch unsre Insel der Erscheinungen göttlicher Musen gewürdiget werden könnte und würde.

Kallias. Sollen sie, wie die gewafneten Männer
des Psammitichos, aus dem Wasser plözlich hervorstei-
gen? *) Oder sollen wir mit weggewandtem Blick
Steine hinter uns werfen, wie Deukalion und Pyrrha
nach der großen Wasserfluth thaten, **) um die Erde
wieder zu bevölkern? Oder sollen wir den Drang unsers Herzens melodischen Schilfen anvertrauen, wie
jener Bartscherer des phrygischen Königs? ***)

*) Vom väterlichen Thron vertrieben, eroberte Psamitichos
Egypten wieder. Weil er es von einer sumpfigen Seite
des Landes anfiel, so entstand die Fabel, er wäre mit seinen Geharnischten aus dem Wasser hervorgekommen.

Herodot, in der Euterpe, No. 152. pag. 149. Edit.
Frankfurt.

**) Dem Deukalion und der Pyrrha, welche nach der großen
Wasserfluth allein übrig geblieben waren, befahl das Ora-
kel der Themis, die Gebeine ihrer gemeinschaftlichen Mutter hinter sich zu werfen. Den wahren Sinn der Göttin
errathend, warfen sie Steine hinter sich, Gebeine der
Erde, die unser aller Mutter ist; und aus diesen entstand
ein neues Menschengeschlecht.

Ovid. Met. Libr. I, v. 248 — 415.

***) Apollon und Pan hatten einen Wettstreit in der Musik.
Alle Zuhörer erhuben die Leier des Gottes der Dichter
über die Töne des Flötenspielers, König Midas ausgenom-

Sophron. Wie kann mein Kallias einen Augenblick vergessen; oder zu vergessen scheinen, daß die Gabe des Gesangs freie Gabe Gottes ist? Wissenschaften erwerben wir durch Unterricht; der Dichter wird geboren. Und der wahre Dichter leidet Gefahr, durch Lesung andrer Dichter etwas von seiner Größe, von seinem Charakter, seinem wahren Ich, zu verlieren. Von wem lernten ihren Gesang Homer und Ossian? Hat an Erhabenheit ein Dichter Hiob, den ältesten aller Dichter, übertroffen?

Du glaubst doch wohl nicht, daß Milton und Klopstock durch Lesung der Dichter selber so göttliche Dichter geworden sind?

men. Der zürnende Gott verwandelte die Ohren des Königs in Eselsohren. Midas verbarg diese Schmach mit purpurnen Binden; nur der Hofbarbier war der nothwendige Vertraute des Geheimnisses. Geklemmt zwischen der Last der befohlnen Verschwiegenheit, und der Gefahr die Sache zu offenbaren, grub er ein Loch in die Erde, und murmelte, auf dem Bauche liegend, hinein: König Midas hat Eselsohren! Hohes Schilf wuchs bald empor, und säuselte die vernehmlichen Worte: König Midas hat Eselsohren! Ovid. Met. XI, 154 — 194.

Boileau spielet sehr schön auf diese Fabel an. Soll mir, sagt er, nicht erlaubt sein, mein Urtheil über einen schlechten Dichter laut zu sagen?

J'irai creuser la terre, et comme ce barbier
Faire dire aux roseaux, par un nouvel organe,
Midas, le roi Midas, a des oreilles d'ane!

Kallias. Wie viel mögen sie gleichwohl von den Alten gelernt haben!

Sophron. Ohne diese unsterblichen Muster wären auch sie so unsterblich geworden, als sie sind.

Kallias. Du scheinst mir eben so zu verfahren, wie gewisse Menschen, die einen armen Vogel ins Dunkle hängen, damit er singe. Mit Unmenschen, welche gar die Vögel blenden, mag ich dich nicht vergleichen.

Sophron. Mir scheint, daß ich gerade das Gegentheil thue. Ich gebe dem Vogel, der im Käficht fremde Melodien zu lernen anfing, die Freiheit. Nun wird er im Walde seinen kunstlosen Naturgesang singen, nicht mehr den fremden Kanarienvogel nachahmen, und noch weniger das Glockenspiel einer Wanduhr. Je nachdem er Finke oder Stieglitz ist, wird er lieblich als Stieglitz oder Finke singen, und wenn er Nachtigall ist, als Nachtigall.

So wie es keines Unterrichts bedarf, um den Genuß eines schönen Anblicks zu genießen, sondern nur eines Auges, eines schönen Gegenstandes und — was meinest du, Kallias, was bedarf es noch?

Kallias. Des Lichts, das vom Himmel kommt! Ich verstehe dich ganz, Sophron! Den Dichter macht die Begeistrung, die vom Himmel kommt!

Sophron. Sie zeigt ihm plözlich Dinge, feine Verhältnisse der Dinge, Analogien, führet ihn von

Gedanken zu Gedanken, reißet ihn von Empfindungen
zu Empfindungen, auf eine Art, die dem feinsten Grüb-
bler unter den Philosophen, dem genievollen, göttlichen
Platon, so unbegreiflich war, daß er die Poesie für un-
mittelbare Eingebung hielt, und die Dichter mit den
Korybanten *) verglich, von welchen man glaubte, daß
sie plözlich von einem Wahnsinn ergriffen würden, in
welchem sie, ihrer eignen Gedanken sich nicht bewußt,
voll des göttlichen Wesens, hohe Dinge von sich sprüh-
ten, wie Funken aus dem fühllosen Kiesel gelockt
werden.

Diese sonderbare Meinung des großen Platon lehret
uns, auf welche Abwege auch die größten Philosophen
kommen, wenn sie alles erklären wollen.

Wir wissen nicht, was die Kraft der Poesie im Dichter eigentlich sei; der Dichter selbst weiß es nicht. Daß
aber nichts sie mehr in Bewegung seze als sinnlicher
Anblick, oder geistige Betrachtung des Schönen, das
glaube ich kühn behaupten zu dürfen. Und wie schön ist
die Natur! wie natürlich leitet sie durch's gerührte Auge
den Menschen in die Betrachtung alles dessen was schön
und gut ist!

Kallias. Der Geist des Herrn den Dichter zeugt,
　　　　　Die Erde mütterlich ihn säugt,
　　　　　Auf Meereswogen blauem Schooß
　　　　　Wiegt seine Phantasie sich groß.

*) Priester der Göttin Kübele, welche auch Deo, und De-
meter heißt.　　　　　　　　　　　Platon, im Jon.

Sophron. Würde der Geist des Herrn unsre Insel nicht anwehen? Ihre Kinder nicht erfüllen? Würde der Dichter an den Brüsten einer so schönen Natur, und unter einem so günstigen Himmelsstrich, nicht milde gesäuget werden in dieser herrlichen Tochter des Ozeans? Nicht sanft eingewieget werden in Träume einer reichen Phantasie?

La Riviere. Dazu in einem Lande, wo die schöne und reiche Natur noch Jungfrau wäre, wild und schön, wie unsers Schönborns Bergnümphe, durch keine Künsteleien menschlicher Verschönerung entstellt! Wo der Mensch, frei von den engenden Verhältnissen, die uns mit wunddrückenden Fesseln umschlingen, alle Geschöpfe mit freien Aufwallungen inniger Liebe und Vertraulichkeit ansehen würde! Wo sich jeder dem kindlichen Gefühle jenes theokritischen Hirten überlassen könnte, der in der Freude seines Herzens, auf dem Aetna ruhend, ausruft:

Aetna meine Mutter! ich wohn' in deinen Gewölben!
Schön ist meine Behausung, und alles, welches in Träumen
Mir erscheinet, ist mein! *)

Sophron. Was meinet Kallias? Ist er noch immer der Kallias, welcher murrte, daß ich seinen kleinen pelnischen Schimmel nicht mitnehmen wollte, bis ich ihn mehr als tröstete, mit der Erscheinung der wilden un-

*) Gedichte aus dem Griechischen von meinem Bruder.

gezäumten Roſſe, welche frei und kühn wie Gemſen von Klippe zu Klippe ſpringen?

Eben ſo, mein lieber Kallias, würden wir bald die freie Muſe, dieſes ſchöne Kind des Himmels und der Erde, in unſrer Inſel, dem Siz der Einfalt, der Freiheit, und der Freude finden.

Bei uns würden naturbeſingende Dichter erwachen, welche nicht mit dem Pinſel der Dichtkunſt nachahmen, ſondern mit dem Zauberſtabe ſchaffender Poeſie jeden Gegenſtand beleben, jede Erſcheinung in Handlung und That verwandeln würden!

Vergleiche Hiob mit Thomſon. Der Britte wird dir ein Zeichenſchüler ſcheinen, der mit Talent ein Gemählte kopirt, aber immer kopirt; der kühne Araber wird als ein höheres Weſen vor dir ſtehen, welches deine Augen berührt, daß du die Herrlichkeit Gottes ſchaueſt!

Siehe wie die Pſalmiſten uns vertraut machen mit Himmel und Erde! Vor ihnen tritt die Sonne wie ein Held zum Siege, wie ein liebetrunkner Bräutigam einher, der aus ſeinem Brautgemache hervorgeht. *)

Die Nähe ſeines Gottes empfindet der heilige Dichter, und wie lebendig ſtellet er ſie dar!

„Wo ſoll ich hingehen vor deinem Geiſt? wo ſoll „ich hinfliehen vor deinem Angeſicht?

*) Pſalm XIX.

„Führe ich gen Himmel, so bist du da! bettete ich
„mir in die Hölle, siehe so bist du auch da!

„Nähme ich Flügel der Morgenröthe, und bliebe
„am äußersten Meer;

„So würde mich doch deine Hand daselbst führen,
„und deine Rechte mich halten.

„Spräche ich: Finsterniß möge mich decken! so muß
„die Nacht auch Licht um mich sein;

„Denn auch Finsterniß nicht finster ist bei dir, und
„die Nacht leuchtet wie der Tag; Finsterniß ist wie das
„Licht! *)

Sehet wie der göttliche Dichter alles zu beleben
weiß, und wie schnell er, in der schönsten Darstellung
des Sinnlichen, zu dem höchsten Begrif der Gottheit
kommt, zu ihm sich erhebend auf Flügeln der Morgen=
röthe, den Unsichtbaren verfolgend durch die dunkeln
Pfade der alten Nacht, die er mit seiner Fackel erhellt!

Diese heilige Muse der Natur, diese Sulamith, o
wo schlummert sie? Würde nicht ein Bewohner der Insel
vielleicht der Glückliche sein, der sie wieder schlummern
fände unter dem Apfelbaum? **) Dem ihr Herz die
Empfindung zuklopfen würde: „Ich schlafe, aber mein
„Herz wachet! " ***) Dem sie aufmachen würde, wenn
seine Stimme leis' erschölle: „Thue mir auf, liebe Freun=

---

*) Psalm CXXXIX.

) Hohe Lied Salomons, Kap. VIII, 5.   *) Kap. V, 2.

„din, meine Schwester, meine Taube, meine Fromme;
„denn mein Haupt ist voll Thaues, und meine Locken
„voll Nachttropfen. " *)

Wohl möchte er sie seine Schwester, mohl sie ihn
ihren Bruder nennen, „der ihrer Mutter Brüste sau=
„gete, " **) die Brüste der Natur!

Und wohl möchte er ausrufen: „Neun ist der —
„Musen — und achtzig der — Aftermusen, und
„der — Theorien — keine Zahl! Aber Eine ist meine
„Taube, meine Fromme; Eine ist ihrer Mutter die
„liebste, und die Auserwählte ihrer Mutter. Da sie die
„Töchter sahen, preiseten sie dieselbige selig. Wer ist,
„die hervorbricht wie die Morgenröthe? schön wie der
„Mond? auserwählt wie die Sonne? hehr wie wallende
„Fahnen der Heerschaaren ? " ***)

O das bist du, heilige Naturmuse! Du schlummerst
in den Armen deiner Mutter! †)

„Ich beschwöre euch, ihr Töchter (der Kunst) bei
„den Rehen oder bei den Hinden auf dem Felde, daß

*) Hohe Lied Salomons, Kap. V, 2.

**) Kap. VIII, 1.

***) Kap. VI, 7, 8. 9. „Schrecklich wie die Heerspizen," steht
in unsrer Uebersezung. Ich habe sie an dieser Stelle für
die französische verlassen. Wo Luther aber den Sinn nicht
verfehlt, da hat ihn noch kein andrer deutscher Uebersez=
zer unbestraft verlassen.

†) Kap. VIII, 5.

„ihr meine Freundin nicht aufwecket noch reget, bis
„daß es ihr selbst gefället!" *)

Verzeihet mir diese Trunkenheit, der Gegenstand riß
mich hin —

Ihr kennet alle Ossian. Welchen Dichter kann man
über ihn sezen? Man braucht ihn nur aufzuschlagen,
um überall die schönste, edelste Poesie zu finden. Erinnert euch seiner Anrede an die Sonne, „den gold=
„haarigen Himmelssohn, dem der West aufgethan hat
„die Thore zum Bette seiner Ruhe. Die Wogen kom=
„men deine Schöne zu sehen, sie erheben ihre zitternden
„Häupter, sie sehen dich liebenswürdig in deinem
„Schlummer, aber schauern zurück mit Furcht. Ruh'
„o Sonn' in deiner schattigen Höhle, in Freude sei
„deine Wiederkunft!" **)

Eben so schön sind seine Gesänge an die Morgen=
sonne, an den Mond, an den Abendstern. ***)

Kallias. Ich empfinde alles was du sagst, und
bin getröstet, denn ich empfinde sehr lebendig was
du sagst. Aber verschweigen kann ich mir doch nicht,
daß viele Arten der Poesie unsrer Insel fehlen wür=
den. Nicht das Lied, nicht die Ode, nicht die Idylle,

*) Hohe Lied Salomons, Kap. II, 7. und VIII, 4.
**) Ossian. Vol. I, pag. 269. Anfang von Carricthura.
***) Ende von Carthon. Vol. I, pag. 200. Anfang von Dar-
thula, pag. 218. 219. Songs of Selma, der Anfang, pag.
291. 292.

nicht der kühne Dithyrambos, noch die klagende Ele=
gie; aber die Epopee und das Drama.

Sophron. Dramatische Vorstellungen würden
uns fehlen; denn freilich hätten wir keine Schauspieler.
Und daß wir keine Komödien hätten, gereichte uns doch
wohl eben so zum Ruhm, als daß bei uns die Geißel
der Satyre nicht geschwungen würde.

Nazional=Epopeen hätten wir nicht, diese haben
nur glänzende Epochen zum Gegenstande, und unser
sanftes Glück werde nie zweideutig genug, um zu glän=
zen! Aber welches Volk hat izt einen Gegenstand zur
Nazional=Epopee?

Henriaden könnte jedes Volk haben; aber Nazional=
Epopeen? Die beiden Homere unsrer Zeit haben in
edlerem Fluge sich über das Interesse einzelner Länder
erhoben, haben nicht Nazional=Gegenstände, sondern
Gegenstände, welche die ganze Menschheit angehen,
in ihren heiligen Epopeen besungen. Ein solcher Flug
stünde auch unsern Dichtern frei; aber nicht jedes Jahr=
tausend zeugt einen Milton oder einen Klopstock.

Kallias. Die Flucht ihrer Väter aus Europa,
und die gesundne Insel, wäre nach einigen Jahrhun=
derten ein Nazional=Gegenstand für einen Epopeen=
dichter dieses glücklichen Völkchens.

Sophron. Ein Gegenstand, an welchem unsre
Inselbewohner mehr Antheil nehmen würden, als an=

dre Völker an ihren Nazional-Geschichten, welche, wich=
tig wie sie sein mögen, weder so einzig in ihrer Art, noch
von so großen Folgen gewesen sind.

Statt der Schauspiele würden wir öffentliche Rei=
gen haben, welche Gesang und Musik, oft auch mit
beiden den Tanz, vereinigten.

Hohe Harmonie wird über bebenden Saiten
Schweben, über dem Hauch der Flöten, über der Jungfrau
Seelenvollerem Hauch! denn heiliger Dichter Entzückung
Wird sich rein in die Seele des Wonnetrunknen ergießen,
Welcher die Melodie aus tönenden Hallen hervorruft,
Daß der hohe Gesang wie seine Braut sie umarme!
Melodie! du keusche Gespielin edler Gesänge,
Dich auch haben entnervte Jahrhunderte frevelnd entweihet,
Deinen lieblichen Reiz an schamlose Lieder vergeudet,
Oder an seelenlosen Gesang, der kraftlos nachschlich,
Wenn du geschlungen an ihn in glühendem Tanze dich wandtest.
Siehe, nun wirst du als blühendes Weib, mit folgsamen Füßen,
Wahrer Dichter Gesang in traulicher Eintracht begleiten,
Feurig den feurigen, eilend den eilenden, sanft den sanften,
Hingeschmolzen mit ihm, mit ihm gen Himmel erhoben! *)

Und mit welcher Neuheit würde jeder poetische Ge=
danke das Herz treffen! Den ungebrauchten Bogen
würde der Dichter mit starker und kühner Hand span=
nen, würde aus vollem Köcher neue Pfeile von tönen=
den Saiten schnellen!

Haben nicht viele der schönsten Pfeile bei uns, durch
den Gebrauch und Mißbrauch so vieler Zeiten, so vie=

*) Aus einem ungedruckten Fragment: Die Zukunft.

K

ler Nazionen, ihre Spize verloren? wenigstens ihren Glanz?

Das meiste von dem, was ich von der Poesie gesagt habe, läßt sich auf die Musik anwenden. Daß in ihrer edlen Einfalt die Musik der Alten weit stärker wirkte, als sie auf unsre Zeitgenossen wirkt, ist keinem flüchtigen Leser der alten Dichter, Philosophen und Geschichtschreiber unbekannt.

Diese Wirkung ward so allgemein anerkannt, daß sie eine vorzügliche Sorge der Gesezgeber war, und die Väter freier Völker einen Blick ununterbrochner Aufmerksamkeit auf sie hefteten.

Die Egypter schienen mehr gegen ihren Mißbrauch, als für Anwendung ihrer vollen Kraft auf die Veredlung der Menschen zu sorgen. *)

Kühner waren die Griechen; aber tiefe Menschenkenntniß leitete auch hier ihre Kühnheit, und die entflammte Liebe zur Tugend in ihren ersten Gesezgebern. Der ernste Lykurgos sandte aus Kreta, wohin er gereiset war um die Weisheit der Geseze des Minos zu erkunden, einen Dichter und Musiker, welcher Thales hieß, nach Sparta. **) Dieses Thales Lieder und Me-

---

*) S. Platon von den Gesezen, im 2ten Buch, Vol. VIII, pag. 66. 67. Edit. Bipont.

**) Welchen man nicht mit Thales von Milet, dem Weisen, der zweihundert Jahr später lebte, verwechseln muß.

lodien hatten, wie uns der edle Plutarch *) erzählt, die
Tugend, daß sie den Zuhörern Gesinnungen des Gehor=
sams, der Eintracht, der Bescheidenheit und sanften
Beruhigung einflößten, sie ihre rohe Sitten abzulegen
vermochten, und mit Eifer für das Schöne erfüllten.

Euch sind die häufigen Beispiele nicht unbekannt,
wie oft bei den Alten die Musik als eine Priesterin der
Götter, eine Geberin weisen Raths, eine Bote des
Friedens, und Stifterin der Eintracht gerühmt wird;
insonderheit die Musik der Völker, welche dorischen Ur=
sprungs waren; eine Musik, deren Einfalt und Kraft
von Geseßgebern und Weisen zu Hülfe gerufen ward,
um rohe Menschen zu sanften Gesinnungen zu stimmen,
und um in üppigen den Aufruhr der Leidenschaften zu
dämpfen.

Die dorische Feldmusik hatte nicht den unedlen Zweck,
die Sinne, wie die lärmende Trommel, zu betäuben, und
eine auf Mangel des Bewußtseins gegründete Keckheit,
die der Jagdhund mit dem Menschen empfinden kann,
mitzutheilen; eine Betäubung, deren nur der unselige
Miethling bedarf, wenn er sein Leben für einige Groschen
feil beut: sondern ihr Zweck war, die Seelen der Strei=
ter mit erhabnen Empfindungen, mit Liebe des Vater=
landes, mit Gedanken an ihre Weiber, Kinder und Grä=
ber der Väter, mit Verachtung des Todes, zu erfüllen.

*) Im Leben des Lükurgos, Vol. I. pag. 89. Edit. Londin.

Eine solche Musik sollte nicht vergessen machen, sie sollte erinnern! war nicht den trüben Wassern des Lethe, welcher nichtigen Schatten das Andenken ihres vorigen Kummers benimmt, sondern dem Nektar der Unsterblichen zu vergleichen; suchte nicht Empfindungen allein, sondern auch Gesinnungen hervorzubringen. *)

---

*) So spricht Timaios, der Lokrer, der älteste von allen prosaischen Schriftstellern der Griechen, welcher uns dorische Weisheit in seinem kleinen dorisch geschriebnen Büchlein nachgelassen hat:

Μωσικα δε, και α ταυτας αγεμων Φιλοσοφια, επι τα τας ψυχας επανορθωση ταχθηται υπο θεων τε και νομων, εθιζοντι και παθοντι, τα δε και ποταναγκαζοντι, το μεν αλογον τω λογικω πειθεσθαι· τω δ' αλογω θυμον μεν πραον ειμεν, επιθυμιαν δε εν αρεμιασι· ως μη διχα λογω κινεεσθαι, μηδε μαν ατρεμιζεν τω νω εκκαλεσμενω η ποτι εργα η ποτι απολαυσιας.

„Die Musik und ihre Anführerin die Philosophie, sind von
„Göttern und Gesezen zur Verbesserung der Seele geord=
„net worden. Sie gewöhnen, bereden, oft auch zwingen
„sie das Vernunftlose zu gehorchen dem Vernünftigen in
„uns, den Zorn milde zu werden, die Begierde zu ruhen;
„auf daß sie weder ohne den Willen der Vernunft rege
„werden, noch auch träge sein, wenn diese sie zu Thaten
„auffodert, oder zum Genuß. "

Zweites Buch.

Gedichte.

Τὰ καλὰ ἐπὶ τοῖς ἀγαθοῖς.

Das Schöne zum Guten!

Platon im zweiten Alkibiades.

Einleitung
in das
zweite Buch.

So hatten sich aus einer beinahe vergeßnen Jugend=
phantasie des Sophron Gespräche dieses Mannes mit
seinem brüderlichen La Riviere und den feurigen Jüng=
lingen entsponnen; Gespräche welche schlummernde Vor=
stellungen nicht nur weckten, sondern ihnen neues Leben
und Gestalten gaben.

Sophron hatte Freude an diesen Gestalten, und
Psyche pflegte lächelnd ihm vorzuwerfen, daß es ihm
wie Pygmalion mit seiner marmornen Schöne ginge,
und daß er, wie für die Arbeit seines Meißels jener Bild=
hauer, eine wahre Leidenschaft für die Insel, diese Toch=
ter des Traumes und der Menschenliebe, wie La Ri=
viere sie nannte, empfände.

In der That begleiteten ihn oft diese Ideen, wenn
er einsame Stunden der Frühe auf seiner kleineren Do=
nauinsel zubrachte; und in diesen Stunden soll ihm seine
Egeria diese Gedichte eingegeben haben, welche er der

Pfüche, um sie für ihre eifersüchtigen Neckereien zu be-
strafen, zuerst, und dann seinem Freunde, und den
Jünglingen mittheilte.

Er war nicht unempfindlich für seiner Freunde Lob,
noch weniger für die gerührten Blicke seiner Pfüche,
welche schweigend ihn noch mehr belohnten; aber er war
weit davon entfernt, diese Gedichte als ächte Proben
von jener einfältigen und edlen Inselpoesie anzusehen,
deren Ideal er so groß gefaßt hatte. Höchstens, sagte
er, sind es Blumen, aus dem milderen Boden der Insel
auf die rauhe Veste verpflanzt; oder wollet ihr sie als
Schattenbilder einer lebenden Naturpoesie ansehen, so
werdet ihr meinem Stolze hinlängliches Genüge thun.
Denn, fuhr er fort, wir Armen, welche mit tausend
Banden verabredeten Zwanges gefesselt werden, können
uns nur sehr dürftige Begriffe von den freien Spielen
der Natur machen, und durch Schnürbrust und Fisch-
beinrock kaum jene bräutliche Eva einer paradiesischen
Welt erkennen.

Schüchterne Liebe.

Schüchterne Liebe, wie hat dich belohnt die erröthende Jungfrau?
Unter der Blüthe des Birnbaums saß, vor der Hütte des Vaters,
Gianetta, das lieblichste Mädchen der ganzen Gemeine,
Welche die Krümmung des Thals am schlängelnden Bache bewohnet,
Der aus heimlichem Quell, von unzugänglichen Felsen,   5
Stürzt mit gewirbeltem Schaum; in breiteren Ufern der Tiefe
Fleußt er sanfter und ladet in seine Kühle die Herden,
Ladet schmeichelnd auch züchtige Mädchen ins einsame Bad ein,
Wo sein süßes Geschwäz den engenden Felsen entrieselt.

Leiser fließet er hier, am Fuß des schattenden Birnbaums,   10
Wo allein, doch unter der Hut der sorgsamen Mutter,
Welche glänzendes Lein der sonnigen Bleiche vertraute,
Gianetta das wollichte Mark aus den zartesten Binsen
Mit den niedlichen Fingern zog. Ihr lispeltet heute,
Dachte sie, bebend am Bach! in frühen Stunden des Winters   15

Sollt ihr leuchten, getränket mit Oel der häuslichen Lampe.
Aber ihr leuchtet vielleicht nicht meiner emsigen Arbeit.
Manche Welle rieselt dahin im Lenz und im Sommer,
Manche Well' im Herbste dahin; es gehen der Sonnen
20 Viele noch auf, eh' der blühende Zweig von der schwellen=
         den Frucht sinkt,
Welche zu deiner Hochzeit vielleicht, Gianetta, sich röthet!
Ach dann geh' ich von hinnen; verlasse mein Mütterchen!
         Weinen
Wird sie, doch freut sie sich auch, wenn ihr Gianettchen
         nun Braut wird.
Oftmal sagte sie: Kind, was du willst, das weißest du
         selbst nicht!
25 Mütterchen, weißest denn du was du willst? Du flöchtest
         den Brautkranz
Deiner Tochter gar gern, und weinest gewiß bei der
         Hochzeit!
Also dachte sie hin und her; im nickenden Köpfchen
Folgten die Augen der Hand, doch nicht die Seele den
         Augen.

Leise schlich ein Jüngling hinzu, der schlanke Lenardo,
30 Ach er liebete sie, und ihn Gianetta! Lenardo
War aus dem Eisengebirg vor wenig Tagen gekommen,
Hatte die Jungfrau gesehn im blühenden Reigen, gehöret
Gianettas Gesang, und verschob die Stunde der Heimkehr
Zum Gestade des Meers, zu seinen harrenden Eltern.
35 Ach du ahndetest nicht, daß Gianetta dich liebte!

Ach sie ahndete kaum, daß ihr Lenardo sie liebte!
Eurer Liebe Geheimnisse athmeten klopfend im Herzen,
Und bedeckt mit dem rosigen Schleier der Scham. Gia=
                                      netta
Wollte den süßen Ahndungen nicht die Seele betrauen,
Aber sie hofte! Lenardo, du hattest Liebe geblicket!   40
Hattest geschwiegen, und Mädchen verstehn das Schwei=
                              gen der Liebe!
Schüchtern nahet' er; als er sie sah, entsank der Muth ihm,
Und er duckte schweigend im Grase hinter dem Birnbaum,
Jeden steigenden Seufzer auf glühenden Lippen erstickend.

    Jenseit des Baches ging, mit frühem Raube beladen, 45
Balzo, auf felsigem Pfad, der rüstige Jäger; sorglos
Summt' er ein Lied von den Freuden der Jagd; da sah er
                              das Mädchen,
Sprang, als flöhe vor ihm ein Kizlein hörniger Gemsen,
In das Ufer hinab, sprang über den Bach, es erschollen
Im erschütterten Köcher die Pfeile des Eilenden; laut schrie 50
Gianettas Mutter, es bebten die Glieder der Tochter.

    Vetter Ungestüm, so nannt' ihn die ganze Gemeine,
Vetter Ungestüm, begann die zürnende Jungfrau,
Immer so brausend! immer so wild! Geh, seze dich hier nicht
Neben mir hin, du triefest vom Blut der schüchternen
                              Gemse.   55
Mächtige That, mit gefiedertem Rohr die Kinder der Felsen
Laurend zu treffen! oft stürzt die säugende Gemse verwundet

In die Tiefe, verblutet langſam ihr harmloſes Leben,

Und das blökende Kizlein verſchmachtet auf einſamer Höhe.

60 Balzo, ich haſſe die Jagd! — O ſüßes holdſeliges
Mädchen,

Haſſe nur immer die Jagd, ſo du nur den Jäger nicht
haſſeſt!

Siehe, dein Vater jaget ja auch, es jagen die Brüder! —

Keinem Jäger geb' ich die Hand! Des lieblichen Lebens,

Wenn mit ergrauender Frühe der Mann die Hütte ver=
läſſet,

65 Lang erwarten ſich läßt, das Weib mit Unruh erfüllet,

Werth der Unruh oder auch nicht! Gutherzige Närrchen

Sind wir, ängſten uns immer: Ach daß kein ſchnau=
bender Keuler

Ihn verwunde! daß er ſich nicht in Felſen verirre!

Daß er im thörichten Lauf nicht flüchtige Gemſen ver=
folge,

70 Wo dem verwegenſten Kletterer auch die Rückkehr ver=
ſagt iſt!

Alſo härmt ſich das Weib vom Morgen bis in die Nacht
hin;

Auf ihr ruhet die Laſt allein und die Sorge der Wirth=
ſchaft.

Endlich kommt der ſtrenge Gebieter; das Närrchen em=
pfängt ihn

Froh und dankbar, als wollte ſie ihm für die Angſt noch
danken;

75 Müde ſtreckt er ſich hin, und greifet gähnend zum Napfe,

Läßt sich vielleicht, vielleicht auch nicht, die Bissen gefallen,
Welche sie ihm, nur ihm, so lecker bereitet! Er theilet
Mit den Hunden was sie sich und den Kindern versagte,
Launet wohl gar, und maulet und schmollt das duldende
Weib an,
Daß er verfehlte die Spur des Rehs, und dem Hasen
vorbeischoß. —   80

Böses Mädchen, du launest mit mir! ich liebe dich lang
schon!
Launest, weil ich dein Herz, wiewohl ein Jäger, verfehlte!
Sage mir nichts von Beschwerden der Jagd! Der Liebe
Beschwerden
Sind wohl siebenmal ärger! Das Wild, das heut mir
entrinnet,
Bring' ich ein andermal heim! doch wer das Auge der
Jungfrau   85
Einmal verfehlt, der hat es gewiß auf immer verfehlet!
Aber ich weiß was ich weiß, o Gianetta! der Fremdling
Hat mir die Jagd verdorben! Ah wie du erröthest! Die
Jungfraun
Flüßtern von ihm und von dir! — Was flüßtern die
Jungfraun, o Balzo? —
Auch die Jünglinge flüßtern! — Was flüßtern die Jüng-
linge, Balzo? —   · 90
Was? je nun in den Tag hinein! Man sah dich erröthen,
Sah dich erbleichen, und sah, wie er mit zitternden
Händen

Nahm den Becher, den du mit holder Freundlichkeit
reichtest,

Ach, so freundlich! es ging mir durch Mark und Bein!
Doch ich tröste

95 Mich noch eher, so herbe der Trost auch selber mir scheinet,

Wenn der Fremdling dich weit von hier an die Wogen des
Meers führt,

Als wenn unsrer Jünglinge einer das Mädchen mir
raubet,

Deß Gestalt mich verfolget im Thal, verfolgt auf der
Höhe!

Grausame Gianetta! — Ich wünsche dir, Jüngling,
ein Mädchen,

100 Leicht wie ein Reh und weiß wie den Schaum der sprudeln=
den Quelle,

Alles wünsch' ich dir, nur nicht mich. — Ihm stürzte die
Thräne

Ueber braune Wangen, er ging. — So wissen die Jung=
fraun,

Sprach sie leise, so wissen die Jünglinge, was nur der
Fremdling

Wohl nicht weiß? und wüßt' er es auch, nicht zu wissen
begehret? —

105 Wohl zu wissen begehrt! o süßes, holdseliges Mädchen! —
Rief er und stand wie ein Engel des Lichts vor dem beben=
den Mädchen!

Schüchterne Liebe, wie hat dich belohnt die erröthende
Jungfrau? —

Laß mich, Jüngling, o schone mein! geh, sprich mit der
                    Mutter!

Ach sie sieht uns und lächelt! Verlaß mich! — Aber die
                    Mutter

Kam und hieß ihn von Herzen willkommen! Dann rief sie
                dem Alten;   110

Der auch hieß ihn von Herzen willkommen! aber das
                    Mägdlein

Schlich erröthend hinweg und weinete. Thränen der Liebe

Weinete und beklommener Wonne das liebliche Mägdlein.

Schüchterne Liebe, wie hat dich belohnt die errö-
                thende Jungfrau?

Späte Reue.

Cigno liebte Tindola, die schöne, hohe Tindola
Mit dem herrschenden Blick, den Stolz des Vaters, der
Mutter
Stolz, ihr einziges Kind; sie führte den Reigen der Jung-
fraun,
Wie der Abendstern auf schimmerndem Pfade den Sternen
5 Vortanzt mit dem bläulichen Licht der bebenden Fackel.
Viele Jünglinge liebten Tindola; aber sie höhnte
Ihre Liebe, sie höhnte die treue Liebe des Cigno,
Sah ihn schweigend schmachten und lächelte. Dennoch
klang ihr
Tief im Herzen mit Nachtigall-Ton der Name Cigno!
10 Sein gedachte sie früh, wenn über die wallenden Reize
Ihrer Schönheit im Bach, der schweigenden Liebe Ver-
trauten,
Sie sich beugte, mit Lilienhand die glänzenden Locken
Ihres Kastanienhaars zu ringeln. Schmeichelnde Welle,
Sprach sie, du zeigst mir mein Bild, so bald ich gehe ver-
schwindet
15 Auch mein Bild, nicht so im Herzen des zärtlichen Cigno!
Immer lebet es da in wechselnden Reizen, gemahlet
Von der Liebe, sie tauchet in Glut den verschönenden
Pinsel,
Hauchet Leben ins Bild, und seine schmachtende Seele

Hanget über den Zügen mit starrenden Blicken, und sauget
An dem täuschenden Becher, der nur entflammter den
    Durst macht.   20
Armer Jüngling, es jammert mich dein! doch will ich die
    Thräne
Noch nicht trocknen, die oft auf bebenden Wimpern dir
    glänzet;
Thränen der Liebe sind schön! der Kampf ist schön den du
    kämpfest!
Und die Siegerin reichet dereinst den Kranz dem Be=
    siegten!
Cigno, du sollst noch seufzen! So sprach das grausame
    Mädchen.   25
Sinnend verließ sie langsam den Bach; es sah sie der
    Jüngling,
Ging und stand, und ging ihr entgegen; da hüpfte sie
    sorglos
Ihm vorbei, und sah ihm erst nach aus der Laube des
    Gartens,
Bis er trostlos und bleich in wallende Schatten des Oel=
    baums
Hinsank. Also jammerte leise der trauernde Jüngling: 30

Falsch wie des Oelbaums schwacher und wallender
    Schatten am Mittag
Ist der Liebenden Hofnung; kaum athmen kühlende Lüfte,
Und gleich brennet die Glut auf die Scheitel des Schmach=
    tenden! Laß mich,

Thörichter Hofnungen Wahn! ermanne dich Cigno! —
Vermagst du?

35 Nun so vertraue dein Herz den heißen Worten der Liebe;
Spottet sie deines Schweigens, so rede! — Bebte nicht
oft schon
Die das Geständniß der Lieb' auf den Lippen? redeten
schweigend
Sie nicht laut, und lauter die Thräne! — Tindola, du
weißt es
Wie ich liebe, doch hart ist dein Herz! So klagte der Jüngling.

40 Frühe hört' er sie einst vor der Hütte das bunte Geflügel
Um sich sammeln, sie stand in glänzendem Schneegewande,
Und erröthend vom ersten Stral der steigenden Sonne.
Hauche der Frühe spielten in lang geringelten Locken,
Welche sanft bewegt auf Falten des Schleiers sich wiegten,
45 Wie auf der Quelle blendendem Glanz der Schatten des
Haines.
In der Linken hielt sie ein buntes Körbchen, und streute
Mit freispendender Rechte die goldnen Früchte des Halmes.
Freundlich lockte das liebliche Mädchen, es liefen die Hühner
Gackernd hinzu, mit watschelnder Eile liefen die Enten,
50 Schreiend flogen herbei langhalsige Gänse, die Tauben
Flatterten traulich umher, und liefen mit nickenden
Köpfchen
Vor der Jungfrau, und spielten die Farben des himmli-
schen Bogens.

Sinnend stand, in Liebe verloren, der Jüngling; nun stürzt er

Kühn durch Wahnsinn hinzu; da huben auf schallenden Flügeln

Sich die Tauben gescheucht; er rief: holdseliges Mädchen! 55

Lieblich scholl es der Jungfrau ins Ohr: holdseliges Mädchen!

Aber sie stellte sich zornig: Wer hieß dich in Stunden der Frühe

Meine Freude zugleich mit meinen Tauben zu scheuchen?

Geh! — Ihr schlug vor Liebe das Herz, doch blickte sie zornig,

Sprang, dem Herzen nicht trauend, zurück in die Hütte der Eltern, 60

Und warf hinter sich zu die laute Thüre. Betroffen

Schlich der Jüngling hinweg. O! wäre Stimme der Weisheit

Ihm erschollen: Siehest du nicht, warum dich Tindola

Fliehet? Verkennest du, Thor! die Ränke der weiblichen Liebe?

Scheue Liebe nannte sich Zorn, Verwirrung der Liebe 65

Schlug die Thüre dir zu, im Kämmerchen seufzet Tindola! —

Eitle Mutter Tindolas! o! wäre Stimme der Weisheit

Ihr von deinen Lippen erschollen: Töchterchen, Schönheit

Ziert die Mädchen, doch Freundlichkeit ziert auch selber die Schönheit!

L 2

70 Freundlichkeit schmücke die Zucht! Dem Liebenden öfne
die Jungfrau,

Wenn sie liebet, das Herz. Die bräutlichen Stunden sind
rosicht,

Wie die Stunden des Morgens auf thauigen Hügeln,
und bräutlich

Ist der Liebenden Ehe; sie gleichet dem lieblichen Baume,

Dessen reifende Frucht noch zarte Blüthen umdufte. —

75 Eitle Mutter Tindolas! du säugtest mit schmeicheln=
den Worten

Ihren Stolz, dich freute der schmeichelnden Jünglinge
Menge,

Und das Geflüster: Wer führet dereinst im Schimmer
der Fackeln,

Und mit Tanz und Klang und Gesang die holdselige
Braut heim?

Traurig schlichen die Monde dem liebenden Cigno;
mählich

80 Schwand mit schwindender Hofnung die Blüthe der Wan=
gen, er härmte

Sich im einsamen Thal, und Thränen flossen aufs blasse

Antliz, wie aus verwundeten Birken helles Wasser

Ueber die weiße Rinde, des Jägers Labsal, hervorrinnt.

Ach, sie tränketen deinen Stolz, Tindola! doch endlich

85 Siegte die Lieb' und rächte sich fürchterlich! Eines Abends
Sah sie ihn keuchend den Rebenhügel mühsam hinangehn,

Oft auf die Stüze des Weinstocks gelehnet ruhn; dem
Fasan gleich,

Welchen der Pfeil des Jünglings lähmt; von Wipfel zu
Wipfel

Flattert er blutend, und trägt das Gewicht des lähmenden
Eisens.

Da erblaßte das Mädchen, und fragte mit freundlicher
Stimme: 90

Cigno, wie ist dir? ich kenne dich kaum! — Du kanntest
mich nimmer;

Hätte nur ich dich früher gekannt! Hier blutet die Wunde

Meiner Thorheit; o spotte nicht, Jungfrau, des sterbenden Jünglings!

Sprach es, und sank in Weinlaub hin — Da stürzte sie
weinend

Neben ihm hin: Verzeihe, Geliebter, der grausamen
Thörin! 95

Ach, ich liebte dich lang! verzeihe! lebe! liebe! —

Schnelle Röthe wallet empor auf die Wangen des Jünglings,

Plözliche Schimmer entstralen dem Blick, und erlöschen
in Dämmrung,

Stammelnde Wort' ersticket der Strom des stürzenden
Blutes

Aus den Wunden der Lunge, den Wunden gehöhnter Liebe! 100

Jungfrau, ich sterbe, du liebest mich, sterbend liebet dich
Cigno! —

Sprach es, fühlte der Liebe Kuß auf der Stirne, blickte

Dank, und starb; sie entküßte den Augen den scheidenden
Lichtstral.

Schweigend lag sie bei ihm, in namenloser Empfindung
105 Ihres Wehes, der Mond beschien die schreckliche Braut=
nacht.

Vater und Mutter suchten sie früh; ihn suchten die
Seinen.

Ihre Mutter fand sie am Morgen, und schärfte die Dolche
Ihres starrenden Jammers; Tindola sprang auf in Ver=
zweiflung.

Mutter, du hast uns vereint! der Bräutigam schlummert!
erwache

110 Cigno! danke dem Mütterchen, daß sie das Lager der Liebe
Weich uns bettete! Mutter, er schläft, o nah' ihm leise!

Rief mit allen Kräften des Lebens in schrecklicher Stimme:
Mutter, der Bräutigam schläft! — Ohnmächtig ward sie
getragen

In die Hütte; Wut war ihr Erwachen! ihr Leben
115 Wechselnde Wut und wechselnder Jammer. Sieben
Sommer

Lebte sie, kühlendes Labsal wehte des nahenden Todes
Flügel, in sanften Thränen entrann das Leben der Jung=
frau.

Ach, bei Cigno schlummert sie nun! Ein Sprößling des
Oelbaums

Flüstert über den Gräbern der Liebenden leise Klage.

Die Seefahrt.

Franko hatte vor wenigen Tagen die liebliche Dolce
Heimgeführet, Dolce die sanfterröthende.   Ruhe
Füllte wie Luft die kleine Hütte der Liebenden, Wonne
Füllte wie Licht des Tages der Liebenden kleine Hütte.
Tief im Thale wohneten sie, am Ufer des schmalen   5
Grünlichen Sees, den rings umher ein Gestade von Felsen
Einschleußt; hochher stürzen aus heimlichen Klüften der
   Steine
Schäumende Ströme donnernd herab. An beiden Ufern
Rauschet der See um zackige Klippen; einige dräuen,
Andre verräth die kreisende Fluth; er ladet zur Anfurt 10
An den beiden Enden nur ein; es wohnet am einen
Franko; jenseit des langen Sees wohnen am andern
Ende die grauen Eltern des glücklichen Jünglings; sie
   hatten
Ihres Sohnes Geliebte noch nicht gesehen.   Die Lüfte
Athmen milde, laß uns, o Dolce, die Eltern besuchen! 15
Dolce freuete sich; schon tanzt umschäumet der Nachen
Unter dem Ruderschlag des nervigen Franko; Dolce
Lenket mit kleiner Hand das Steuer, freut sich des Schwe-
   bens
Auf der schimmernden Fluth, der hohen Felsengestade,
Und der stürzenden Wasserfälle, freut sich der Freude 20
Beider Alten, wenn unvermuthet, am Arme des Jünglings,
Sie hinein wird treten in ihre stille Behausung,

Wenn der Vater segnen die neue Tochter, sie segnen
Wird mit Freudenthränen die Mutter. Also gedachte
25 Dolce, und so dachte mit ihr der selige Franko.
Schnell entglitten beiden die Stunden im gleitenden
Nachen.

Aber der alte Bosco saß im Schatten der Pappel
Hart am See, und flickte sein Netz; die häusliche Lena
Schmückte die Hütte zum nahen Fest, zum Feste der
Pfingsten,
30 Streuete Zedernlaub umher, und gedachte der Jahre,
Da ihr Franko das zarteste Laub von den Wipfeln ihr
holte.
Glückliche Jahre! da liefen umher die Söhne! da
schwazten
Freudige Töchter! jeder und jede bauet das eigne
Nestchen nun, und einsam ist unser Alter geworden!
35 Sprach es, und Thränen träufelten mit dem fallenden
Laube.

Bosco harrete seines Sohns; so hatte der Sohn ihm
Heimliche Worte gesandt: Wofern der See mir es zuläßt,
Vater, so bring' ich dir bald, nach den ersten Tagen der
Hochzeit,
Daß du es segnest, mein Weib, daß meine Mutter es
segne,
40 Daß ihr segnet die Frucht, die vielleicht, wohl darf ich es
hoffen,

Heimlich schlummern ihr wird tief unter dem liebenden
Herzen.

Deß gedachte der Greis, und blickte oft auf den See hin.

Siehe da schwamm von fern ein kleines Fleckchen im
Wasser.

Froh stand Bosco auf, ging zu der Alten und sagte:

Weib, der Tag ist schön, und ich fühle mich jung,
auch stehet   45

Ja das Fest uns bevor, und Pfingsten pflegten wir immer

Bunte Forellen zu essen, die Schmerlen taugen fürs Fest
nicht!

Ich will auf mich machen im kleinen Kahne, will wieder

Spreiten; es ist so gut als neu, das Netz in der runden

Felsenbucht, ich kehre gewiß vor der Dämmerung wieder. 50

Fahre mit Gott! doch kehre gewiß vor der Dämmerung wieder!

Sagte das Weib, und trippelte noch mit ältlicher Eile

An den Zedernschrank: Da, nimm in die Tasche dieß
Fläschchen;

Kühl ist die Abendluft und das Alter frostig; des Weines

Labsal hat dich schon oft wie einen Adler verjünget!   55

Also das gute Weib; der Greis vermochte die Freude

Kaum zu bergen, und eilte gebückt an das rauschende Ufer,

Stieg in den kleinen Nachen und ruderte. Wenn nur zu
frühe

Nicht die Schnur den Nachen erblickt! der rudernde
Franko
60 Kann mich nicht sehn, sein Blick muß auf jene Küste gewandt sein.

Also dacht' er und ruderte mit verjüngeten Kräften;
Aber es war ihm der Strom, ihm waren die Winde zu-
wider,
Und er hatte zu kühn der scheidenden Stärke getrauet.
Frischer wehte die Luft, es rauschten weißer die Wogen,
65 Und es mahnte die kraftlose Linke den Alten zu spät nun
An den Fall, den er neulich that im steinigen Weinberg,
Den er der Alten verschwieg; sie hätt' ihn nicht von sich
gelassen,
Aber sie wußt' es nicht, und ahndete keine Gefahren.

Kühler sauf'te die Luft, und starrend sank ihm die Linke.
70 Bosco gedachte der Kinder und seufzete; dachte des
Weibes,
Ließ die Ruder sinken, und steurte zurück mit der Rechten.
Tanzend trug ihn die wilde Fluth, und warf ans Gestade
Schmetternd den Kahn, nicht weit von seiner Hütte; der
Alte
Stürzete gegen den Felsen an mit der glatten Scheitel,
75 Und es träufelte Blut auf den Reif des lockigen Nacken.

Franko und Dolce flogen auf kühlenden Flügeln des
Abends

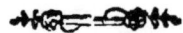

Ueber den glänzenden Schaum. Ich seh', o Franko, die
     Pappel,

Welche du oft mir zeigtest, ich seh', o Franko, die Hütte

Deiner Eltern! wie werden sich freuen die lieben Alten!

Franko schlug die Fluth mit verdoppeltem Ruderschlag;
     rauschend   80

Flog ans Ufer der Kahn, und prallte zurück, daß Dolce,

Welche schon stand, in die Arme fiel dem liebenden Franko.

Freud' und Ungeduld zitterten in den Händen des Jüng=
     lings,

Als er das Tau durchs bekannte Loch des durchregneten
     Steines

Zog, den Nachen gegen den Wind und die Fluthen zu si=
     chern.   85

Franko, eile nicht so! kurzathmend müssen die Eltern

Mich zum erstenmale nicht sehn; ich bebe ja so schon

Vor Verlangen und Freud' und blöder Erwartung! —
     Sie gingen

Arm in Arm selbander den kleinen umschatteten Hügel

Zu der Hütte hinan, schon bellte der zottige Desto, 90

Sprang hervor und begrüßte mit wedelndem Schmeicheln
     den Jüngling,

Ging dann forschend und schnaubend umher um die furcht=
     same Dolce.

Lena hatte vernommen den Hund und stand an der
     Thüre,

Wähnt' es käme der Greis, und zürnte dem bellenden
Wächter,
95Daß er von Fremdlingen nicht zu erkennen wüßte den
Hausherrn,
Oefnete schon zum Schelten den Mund und — segnete
freudig:

Tausendmal willkommen, o Sohn und herzlich gesegnet,
Du und dieses liebliche Weibchen! schön wie ein Engel
Ist sie fürwahr! Ich sagte noch heute zum Alten: Der
Franko
100Hat sich gewiß ein holdseliges Weib aus den Mädchen
erkoren!
Denn es hatte der Vater den Kopf schon manchmal ge-
schüttelt,
Und mit Lächeln gemurrt; Die Jungfraun unsrer Gemeine
Sind doch nicht zu verachten! da holt der Geselle so
weit her
Sich ein Weib! Die schönste war immer ihm schön, die
schöne
105Leidlich. Sie sei nur gut, so ist uns die Fremdling willkommen!

Sprach's und hing an des Sohnes Hals, und herzte
die Fremdling
Mütterlich, Thränen der Alten benezten den Busen der
Dolce.

Mutter, wo ist mein Vater? — O Sohn, vor wenigen
Stunden
Fühlt' er auf einmal sich jung, und sprach, für den mor=
genden Festtag
Wollt' er spreiten das Nez in der Felsenbucht, doch ver=
hieß er   110
Wiederzukehren bevor ins Thal der Abend sich neigte.

Franko stürzt' es aufs Herz! Es hat ja der Greis mich
erwartet,
Und er sollte von hinnen fahren, und mir nicht entgegen?
Ach, er fuhr, er fuhr gewiß mir entgegen! — Was ist dir,
Franko, wie wirst du so blaß? was ist dir Franko? —
Schon war er   115
Ihnen entwischt, er lief ans Ufer, wollte den Vater
Suchen, in sinkender Dämmrung, in nächtlichen Stunden
ihn suchen!
Lös'te den Nachen, da sah er ein Bret von brandenden
Wellen
Hin und her gespület zwischen den Felsen, er kannte
Schnell das Steuer vom Kahn des Alten; Schrecken des
Todes   120
Faßten ihn, sinnlos starret' er, sah den liegenden Alten,
Sprang hinzu und fand des bleichen Todes Gebehrde
Auf des Vaters Antliz und blutig die weißen Haare.
Ach er warf in betäubender Angst sich neben ihm nieder,
Küßte die kalten Lippen und jammerte! Seine Seele 125
Jammerte, nicht der Mund, der hing am Munde des
Vaters!

Mir zu begegnen vertrautest du dich den Wogen! nun
liegst du

Todt! — Todt! rief es empor und schauerte! — Aber
die Hofnung

Wechselte mit der Verzweiflung und sang dem Herzen des
Sohnes

130 Leise zu: Er lebet vielleicht! der Tod in den Fluthen

Blutet nicht, den Lebenden warf an den Stein die Welle.

Ach noch weilet vielleicht sein frommes Leben im Herzen!

Dacht' es, sprang empor, umfaßte den Vater, und
trug ihn

Zu der Hütte, rief vor der Hütten Thüre; die Mutter

135 Oefnete, sah den Greis in den Armen des Sohnes, kraftlos

Sank sie hin — Es legte der Sohn den Vater aufs Bette.

Dolce staunete bleich und stumm. Auf, rufe das Leben,

Rief er, Dolce, rufe zurück das Leben des Vaters!

Dolce warf auf die Erde sich hin; hier, lege des Vaters

140 Haupt in meinen Schooß, und reibe die starrenden Glieder.

Franko gehorchte dem Weibe, da fiel aus dem Kleide des
Alten

Lenas Flasche; schnell besann sich Dolce, und tränkte

Aus der hohlen Scherbe die blauen Lippen des Greises,

Und er athmete auf; doch deckte Todesbläße

145 Noch das Antliz, und Nacht umwölkte die Augen des
Bosco.

Wonne der Hofnung röthete schnell die Wange der Dolce,
Wonne straïten die Augen des Sohns.   So steiget der
     Morgen
Röthlich von Hügeln empor, und bestralt die Gipfel der
     Berge
Wenn die Dämmerung noch im krummen Thale verweilet.

Ach nun öfnet der Greis den Blick — O Engel Gottes, 150
Rief er, du leitest zu Gott die Seele des alten Bosco!—

Vater, du lebst! — du lebst! — aus der Ohnmacht
          kehrest du wieder!
Heil uns, Vater, du lebst! und deine Schnur ist der Engel!
Franko rief es entzückt, und Lena erhub sich, auch ihr rief
Worte der Wonne die freudige, tieferschütterte Dolce. 155

Nach und nach besann sich der Greis, und kehrte vom
          Himmel
Nicht ungern zurück, weil Gott noch leben ihn wollte
Lassen, Lena zum Trost im Alter, zur Freude dem Sohne,
Und dem Engel, den Gott gesendet dem Lebenden hatte.

Der Wechselgesang.

Vom Gebirge kamen zurück Giano und Luca,
Mit dem Raube der Jagd, zween muthige Jünglinge, froher

Ueber des schnaubenden Rosses Fang; sie hatten es beide,
List vereinend mit Muth, im engen Thale gegriffen.

5 Ach, weß soll es sein? wer wird den feurigen Wieherer
Tummeln? wen auf dem schnaubenden Läufer Bella bewundern?

Bella, die züchtige, schöne Jungfrau! Giano und Luca
Liebten sie beide, doch hofte noch keiner; sittsam und freundlich

Lächelte beiden das liebliche Kind; die Stimme des Herzens
10 Nannte den einen, ihn hatte noch nicht die Lippe genennet.

Freunde waren sie, bieder, und einer hatte dem andern
Seine Liebe vertraut, und einer sagte dem andern

Oft: Trost soll es mir sein, o Freund, im Leiden der Seele,
Wenn die Holdselige dich erwählt vor den Jünglingen allen.

15 Dann verlaff' ich dich, Freund, verlasse die ganze Gemeine,
Wünsche weinend dir Glück, und bleib' in der Ferne dir Freund noch.

Dieß war jedes Entschluß, es wünschte jeder die Jungfrau,
Keiner wollte das Roß dem andern rauben; da sagte
Luca: Laß uns im Wechselgesang das Mädchen versuchen,
20 Bellas Urtheil gebe das Roß dem glücklichen Sänger.

Unter dem Obdach saß, von rankenden Reben um=
        hangen,
Bella mit ihren Eltern; sie hielt die kleinste der Schwestern
Mütterlich auf dem Schooß, und reichte dem schmeicheln=
        den Bruder
Freundlich ein kleines Brod mit Butter und würziger
        Raute.
Aber warm ward dem Vater uns Herz, und er sagte
        zum Weibe: 25

Warlich es kleidet das Mädchen gar wohl die Weise
        der Mütter
Mit den kleinen Geschwistern: es segne dich, freundliche
        Bella,
Unser Vater im Himmel, wie ich von Herzen dich segne!
Gutes Kind! — Ihm stürzte die Thräne; da sagte die
        Mutter:

Bella, es harren auch dein dereinst die Sorgen der 30
        Mütter,
Und die Freuden der Mütter! Wenn dir die Kinderchen
        gleich sind,
Bella, so lohnet ein Blick für alle Sorgen der Eltern.

Sanftes Gefühl der Freude, des Danks, der kindli=
        chen Liebe
Bebte hell in den Augen des Mädchens; so bebet der
        Frühthau

M

35 An der Freude verheißenden blauen Beere des Weinstocks.
Bella schwieg, es schwiegen die Eltern; da stürzte der
Knabe
Froh in der Schwester Schooß, und schrie: Ein springen=
des Roß kommt
Und zween große Männer! ein weißes Roß! und sie führen
Beide, das weiße Roß, und sprechen mit ihm, und strei=
cheln's!

40 Als er noch sprach, da kamen die Jünglinge hinter
dem Garten
Mit dem schnaubenden Wiehrer hervor, und hielten ihn
schmeichelnd,
Und zum Vater der Jungfrau sprach bescheiden Giano:

Freund, wir haben selbander dieß Roß im Gebirge
gefangen,
Haben's zum Preis des Gesanges bestimmt, des Gesan=
ges an Bella!
45 Bella sei Richterin, wenn du's erlaubst; der Beifall der
Jungfrau
Wird den Glücklichen mehr als das Roß, und länger er=
freuen!

Meinetwegen, sagte der Vater, und schüttelte lächelnd
Ueber den Jüngling das Haupt, und über seinen Genossen;
Solch ein Roß, (seit Jahren hab' ich kein edlers gesehen)
50 An den wankenden Spruch von einer Dirne zu hängen! —

Aber die Jungfrau ist Bella! — die Jünglinge riefen
es beide. —

Wohl, ich versteh' euch, das Roß ist nicht der Preis des
Gesanges,

Ist nur Wurm an der Angel, und traun der Fisch ist des
Wurms werth!

Kind, wohl magst du erröthen! doch höre, Mädchen! und
höret,

Jünglinge! (denn ich weiß wie euren Herzen zu Muth ist) 55
Lang schon sag' ich zum Weib', und lang schon saget das
Weib mir:

Vor den Jünglingen scheinet das Kind Giano und Luca
Sonderlich gut zu sein, doch wer ihr der liebste von beiden,
Das verschweiget sie uns; es sei der eine von beiden,
Und wir wollen wie Sohn, so Vater als Mutter ihn lieben! 60

Aber es zürnte das Weib, und scheltend sprach es zum
Manne:

Schämst du dich nicht so hart das arme Kind zu beschämen,
Vor den Jünglingen? sieh sie doch an, wie sie roth und
blaß wird! —

Ei das hat sie verdient! auch ist es nicht böse gemeinet.
Bella, mein Kind, sieh auf! Ihr Jünglinge bindet das
Roß an,   65
Dort im Schatten, nicht hier wo Bienen im Sonnen-
schein summen.

M 2

Tröstende Worte sagte der Vater heimlich zum Mädchen,

Nur von ihr und der Mutter vernommen; erröthend und
schweigend

Blickte sie Rührung: den Eltern und Dank mit klopfendem Herzen.

70 Aber die Jünglinge sezeten sich in den Schatten, und
sangen

Also mit wechselnder Hofnung und Angst im Wechsel-
gesange;

Bella lauschete bang und verschämt mit gesenktem Blicke.

Giano.

Wie die Lerche verstummt im Schatten ziehender Wolken,
Schweigt der Jüngling, bis du freundlich, o Bella!
ihm blickst.

Luca.

75 Bella, ich nannte dich oft antwortenden Felsen des Ufers;
Wirst du stummer als Stein schweigen und härter als
Stein?

Giano.

Bella, ich liebte dich früh, und hegte die schüchterne Liebe,
Wie der Vogel sein Ei wärmt im verborgenen Nest;
Ach bald lebte das Vögelchen, wuchs und schlug mit den
Flügeln,

80 Und nun singet es schon; höre der Liebe Gesang!

Luca.

Bella, es lechzet mein Herz im Durst der schmachtenden
Liebe,
Wie im versiegenden Bach lechzet der zappelnde Fisch!
Ach ich lechze nach Leben! o gieb mir Leben der Liebe!
Liebe mich! lebe mit mir, Mädchen! ich lebe für dich!

Giano.

Jungfrau, es schmücket für dich die Mutter des treuen
Giano   85
Seine Hütte, für dich reifet der Apfel am Baum!
Pflaumen schwellen an deinem Baum, mit kindlicher
Freude
Gabst du die halbe Frucht mir, und ich steckte den Kern.

Luca.

Zwischen den Hügeln schoß ich ein Reh, den blökenden
Säugling
Fing ich, nun läuft er mir nach, Mädchen ich nähr' ihn
für dich!   90
Ach dich kennt mein wachsamer Snello, bellet die Jung-
frau
Ungestüm an, nur dir schweigt er und wedelt vertraut.

Giano.

Liebe lehrete mich den Gesang, du lehrtest mich Liebe!
Bella, Lieb' und Gesang weih' ich, Holdselige, dir!

95 Diese Himmelbläue der Augen, den rosichten Morgen
Dieser Wangen, besang frühe mein einsames Lied!

Luca.

Wenn der Jünglinge Lied die Schöne der Mädchen erhebet,
Lächl' ich, und frage: Wer ist Bella an Lieblichkeit
gleich?
Manche zürnete mir, mir wandte manche den Nacken,
100   Lauter frag' ich: Wer ist Bella an Lieblichkeit gleich?

Also sangen die Jünglinge; Bella schaute zur Erde,
Prüfte des Vaters Blick, und prüfte die Augen der Mutter.
Glühend zitterte Luca, es bebte der bleiche Giano;
Schüchtern und leise sprach und sanfterröthend die
Jungfrau:

105   Ich vermag nicht zu richten, (denn lieblich singet ihr
beide)
Wer im Wechselgesang den edlen Sänger besiegte.
Schön ist und herrlich das Roß! dein sei es, o Luca! und
Freude
Sei auch dein, und Ruhe begleite dich wie dein Schatten!
Luca, sei glücklich! ich flehe dich, Luca! sei wie Giano
100 Glücklich! es sind der Jungfrauen viel, und schön ist
Amanda,
Sanft ist ihr Herz, und leise schlummert im Herzen die
Liebe;

Dürft' ich sie wecken! o nähmst du aus meinen Händen
die Freundin!

Sprach's und reichte die Hand dem entzückten
Giano; die Eltern
Herzten ihn froh, es hielt die zurückgefalteten Hände
Luca starrend vor beiden Augen; die Liebenden rührte 115
Lucas Schmerz. Nun schlich er hinweg, die Seele voll
Jammer,
Achtet' es nicht zu lösen das Roß; Giano entriß sich
Seiner Wonn', und bracht' ihm den wiehernden Sohn
des Gebirges,
Sprach umsonst ihm tröstende Worte; doch zürnete Luca
Nicht dem Freunde, so sehr auch seine Seele betrübt war. 120

Die Hochzeitsfeier.

Cervo und Tortora hatten in funfzigjähriger Ehe
Glücklich gelebt; den Liebenden waren wie Monde die
    Jahre,
Waren geschwunden wie Tage die Monde; sie hatten in
    Söhnen
Sich und Töchtern und Enkeln verjüngt, und in Kindern
    der Enkel.
5 Ach, sie hatten dem Schooße der Muttererde schon Kinder,
Enkel und Kinder der Enkel betrauet; einigen Gräbern
Schattete schon der gepflanzte Baum, es sproßte das
    Gräschen
Auf dem lockern Boden der andern; doch schattete Ruhe
Jedem, blühete jedem der Trost des besseren Lebens!

10   Einst, als Thränen der Wehmuth zu heiß aus Torto-
        ras Auge
Stürzeten, sagte der Greis mit glänzenden Thränen im
        Auge:

    Siehst du die hohe Pappel, o Weib? sie breitet der
        Aeste
Viel umher, und in Zweige verbreiten sich schattend die
        Aeste;
Einige nahm ich dem Stamm, und pflanzte sie jenseit
        des Baches,

Und sie wachsen freudig empor, wie Libanons Zedern!   15
Heiter war der Blick und heiter die Seele des Greises.

Lange hatte sich schon die Schaar der Seinen gefreuet
Auf das erwünschte Fest der funfzigjährigen Ehe,
Und es stieg von den Hügeln empor auf thauenden Lüften.
Vor der Hütte versammelten sich die Feiernden alle,   20
Männer und Weiber, Jünglinge, Jungfraun, hüpfende
             Kinder;
Und es bebte der Saite Ton, es athmete Freude
Aus der Flöten Hauch, noch schwieg die lebende Stimme.
Aber nun scholl hoch der Gesang, und schwebete siegend
Ueber der Saite Ton, und über die Hauche der Flöten;   25
Denn es sang der Mann und das Weib, das Kind, und
             die Jungfrau,
Und es ergoß sich aus hundert Kehlen die kindliche Liebe:

Fried'und Wonne dem Vater, vom Himmel herab, und
             der Mutter,
   Milde wie Thau, und schön wie der erwachende Tag!
Ach, so segne der Vater im Himmel den Vater, die   30
             Mutter,
   Wie euch segnet die Schaar, welche das Leben euch
             dankt.

Als noch scholl ihr Gesang, da traten, zitternd von
             Alter
Und von Freude, hervor aus der Thür die redlichen Alten;

Und es entblößte sein Haupt der Greis, denn Staunen
ergrif ihn

35 Bei dem Anblick; ein Volk war dem Segen des Bettes
entsprosset!

Und ihm bebte der Dank an der weißen Wimper; so schimmert

Am bereiften Zweig in der Sonne des Mittags ein
Tropfen.

Gott vergelt' es euch, Kindern, mit siebenfältigem
Segen!

Segen des Vaters ist Felsenkluft im Sturme dem Wandrer,

40 Segen der Mutter ist Kühlung des Quells in der sengenden Hitze!

Schluchzend dankte die alte Mutter, und rufte des
Lebens

Jahre zurück mit manchen Erinnerungen der Vorzeit,
Als der älteste Sohn an ihren Brüsten noch weinte,
Wie sein Enkel der Säugling, und als noch jene Matrone

45 Gleich an Sprache der Enkelin war, und gleich an Ge-
berde.

Aber die schönste der Enkelinnen, die Liebling des
Greises,

Schön und weiß wie ein Täubchen, mit großen freundlichen Augen,

Dora, nahte mit schüchterner Freude, des biedern Leandro
Blühende Braut, (auch er war dieser Wurzel entsprosset)
Hielt am kleinen geründeten Arme thauende Kränze,   50
Sank auf die Knice und sagte mit sanftertönender
     Stimme:

Vater und Mutter, es pflückten in Stunden der
    dämmernden Frühe
Eure Kinder Blumen für euch, die großen und kleinen,
Alle, für ihre Säuglinge pflückten die Mütter, ich wand
     euch
Diese Kränze, laßt auf weißen Locken sie düften!   55

Also sprach sie mit freundlichen Worten, mit finken=
    den Blicken,
Nicht unkundig der Röthe, die wie ein Morgen des Früh=
     lings
Ihre Schöne verschönte, doch gegen die steigende Wal=
     lung
Kämpfend, und desto mehr mit stürzenden Thränen er=
     röthend.

Richte dich auf, mein süßes Kind! O möchten die
    Blumen   60
Nicht verwelken, ich trüge sie stets auf der glatten
     Scheitel!

Also der Greis, und sezte sich vor der moosigen Hütte,
Auf die alternde Bank; es sezte sich Tortora zu ihm,

Und es kränzte die liebliche Jungfrau den Greis und
die Alte.

65   Kind, so kränze dich einst und deinen wackern Leandro
Deine Enkelin, lieblich wie du! euch müssen die Jahre
Eilen dahin wie ein Bach, im Sonnenschein und im
Schatten!
Kinder, es scheinen mir oft wie gestern die Tage der Ju-
gend;
Jedes Heute hat Flügel und eilet zum größeren Morgen!
70 Ich und Tortora gehen gebückt am stützenden Stabe,
Dennoch hoffen wir früher als ihr das Ziel zu erreichen.

Also sagte der Greis, auf zitternden Lippen der Alten
Lächelte Ruh; so bebet der Mond auf der wallenden Quelle.

Aber freundlich fragte der Töchter eine die Alten:
75 Vater und Mutter, wo sollen wir euch die Mahlzeit bereiten?
Heut seid ihr Gäste von euren Kindern, der Gäste
Sind nur zween, und der Wirthe mehr denn hundert
und zwanzig.

Beiden Alten lachte das Herz, da sagte der Vater:
Heute vor funfzig Jahren war ich der Führer des Rei-
gens,
80 Tortora führte die Jungfrauu, frisch wie die Ros' in dem
Brautkranz.

Wir erkohren zum Feſte das Thal am Ufer des Stromes,
Ei ſo laßt uns auch heute das Thal erwählen wie damals.

Cervo ſpricht's und richtet ſich auf, und Tortora
mit ihm,
Und ſchon gingen ſie froh von ihren Kindern umkränzet;
Siehe da fiel ein guter Gedanke dem redlichen Greis ein;   85
Stehen blieb er, und redete ſo zu einigen Männern:

Söhne, mir altert im Keller des funfzigjährigen
Weines,
Den ich im erſten Jahr aus eignen Trauben erpreßte;
Links in der Ecke liegt er, in wohlverbundenen Schläuchen;
Tragt ihn auf euren Häuptern, denn er gehöret zum Feſte.   90

Aber einer der Söhne ſprach zum freudigen Alten:
Vater, die Jünglinge flüßtern, es flüßtern die Knaben,
ſie wünſchen,
Und wir Männer wünſchen es auch, dein Herz zu ergözen.
Kühlung weht am Ufer des Stroms; im Schatten des
Thales,
Hinter den Felſen, bereiten das Mahl die emſigen Weiber.   95
Muſtr' indeſſen die Kraft von deinen Kindern, und ſage,
Ob uns Uebung Flügel am Fuß und eiſernen Arm gab.

Wohl geſprochen, o Sohn! Ich war in blühender
Jugend
Leicht wie ein Hirſch, und ſtark wie ein Hirſch in reifen-
der Mannkraft.

100 Darum nannten sie mich den Hirsch; izt bin ich dem Hir-
 schen
Aehnlich an Alter, dahin ist die Kraft, und die Schnelligkeit fehlt mir.
Mögen sie immerhin! ich bin zum Volke geworden.

Aber es sprangen die Knaben, die Jünglinge spran-
 gen vor Freuden,
Und die Männer fühlten sich jung. Sie holten die Waffen
105 Aus dem Rüsthaus, blizende Speere starrten gen Himmel,
In den Köchern erklangen die Pfeil' auf der Jünglinge
 Schultern.

Knaben begannen den Tanz, und Jünglinge folgten
 den Knaben;
Tortora schauerte, denn die muthigen Jünglinge flochten
In der Ergözung Kranz den Dorn der Gefahr; mit ge-
 meßnem
110 Sprung vermieden sie schnell den Flug der blizenden
 Speere,
Welche der Reigen dem Reigen mit schneller Behutsam-
 keit zuwarf.

Auch im Laufen prüften sie sich; es sauf'ten die Lüfte
Von der Schleuder Schwung und aufwärts schwinden-
 den Kieseln;
Tönent prallte vom Bogen der Pfeil und sang in den
 Lüften,

Fiel mit sinkendem Stahl, und stand mit erschütterten 115
Federn.
Deß erfreute sich Cervo, und seiner Freude die Alte.

Aber es schäumte der Strom und rauschete, zwanzig
Rosse
Stürzten von jenem Ufer hinein, es sprangen die Reiter
All' auf einmal herab, und schwammen neben den Rossen,
Faßten die Mähnen zugleich, und sprangen hinauf auf
die Rosse 120
Jauchzten das Ufer hinan; die Brausenden flogen im
Thale
Zügelfrei, der schmeichelnden Hand und der Ferse ge-
horsam;
Bäumten, geheißen, sich alle zugleich, und zeigten, ge-
heißen,
Mit gesunknen Häuptern die hochaufschnellenden Hufe.

Lieblich stiegen in Morgenglanz die Tage der Jugend 125
In dem Herzen des Alten empor; er winkte der Enkel
Einem, der eilete schnell, und kam nun wieder, und brachte
In der Hand den mächtigen Bogen des redlichen Greises.
Lächelnd hielt ihn der Greis, und rief den Enkeln und
Söhnen:

Diesen spannt' ich vordem, und in der ganzen Gemeine 130
Konnte nur ich ihn spannen; ich hab' ihn selber erbeutet,
Als ich Bräutigam war, im Eisengebirge. Mit andern

Fällt' ich Fichten, und sah von fern den mächtigen Stein-
bock,

Oefnete schon der Freude den Mund, und schwieg. In
der Frühe

135 Ging ich am folgenden Morgen allein dem gewaltigen
Bock nach,

Mit dem edlen Labsal des Weins in der hangenden Tasche;
Denn ich hatte mir selber gelobt, der herrlichen Beute
Nachzuspüren, und sollt' ich in sieben sengenden Tagen
Irren, in sieben Nächten die dunkeln Stunden nur
schlummern.

140 Aber ich sah ihn am dritten Tage, beschlich ihn, zielte,
Schoß, da rollte hinunter der Bock in die braune Tiefe,
Und blieb liegen am Ufer von einem rauschenden Bache.
Flugs ich nach! mir sträubten nachher die Haar auf der
Scheitel,

Als ich erblickte die jähe Höh', und die nächtliche Tiefe.

145 Kinder, ich kam hinunter, und spät erst sah ich die Schenkel
Triefen von Blut, und fühlte mich warm und naß an den
Ribben.

Aber nun galt es hinauf, und mit der Beute, zu klimmen!
War nicht möglich, auch ohne die Beute war es nicht
möglich!

Ueber einander schlug ich die Arme, sprach zu mir selber:

150   Cervo, du bist allein, willst nicht in Felsen verschmach-
ten,

Eigner Rath ist kräftiger Rath, und Noth ist erfindend.

Dacht' es, sezte mich auf den Bock und grif in die Tasche,

Zählte die Schlücke nicht und sog die säumenden Tropfen.

Nun erfand ich mein Heil! es hatte der stürzende Gießbach

Eine junge Tanne herab vom Ufer gestürzet,   155

Und mir blinkte willkommen die scharfe Axt in dem Gürtel.

Emsig behieb ich die Aeste mit dichten Zweigen, und band sie

An einander mit blühendem Genst; den längsten der Zweige

Nahm ich als Ruder und Steur, und band den Bock auf
                         den Floß fest,

Stellte mich drauf und trieb mit dem Strom; oft stockte
                         die Reise,   160

Aber ich stieß mich los, und kam an flachere Ufer,

Sprang heraus und schwamm, und zog den zottigen
                         Raub nach,

Lud ihn auf starke Schultern und kehrte zu meinen Ge-
                         nossen.

Beide Hörner verband ich mit schimmerndem Eisen, und
                         vierzig

Jahre braucht' ich den Bogen, es konnte nur Cervo ihn
                         spannen.   165

Seit zehn Jahren spann' ich ihn nicht; versuchet ihn,
                         Kinder:

Wer ihn spannt, dem sei er von ganzem Herzen gegönnet!

Also sagte der Greis; es prüften Männer die Kräfte

Ihres Arms, vergebens! die Jünglinge wollten nicht
                         prüfen;

Sichtbar härmete sich die edle Seele des Alten.   170

N

Da erkühnete sich Leandro, erröthend ergrif er

Mit der Linken die Wehr des zottigen Felsensohnes,

Prüfte mit starrenden Adern den Arm, gab nach, und
prüfte,

Spannte, schoß, der gefiederte Pfeil durchsaus'te die
Lüfte,

175 Schwand den Augen und kehrte zurück mit wachsender
Eile.

Alle schrieen, es freuten sich hoch der Greis und die
Alte,

Und laut klopfte das Herz dem verschämten, edlen Leandro.

Hoch stand nun die Sonn' im stralenspendenden
Mittag,

Und es raunte der Greis ins Ohr dem betagten Weibe:

180 Tortora, geh zu den Töchtern, daß keine die Felsen
verlaße,

Bis ihr den lauten Ruf der biedern Männer vernehmet.

Tortora schlich am Stabe hinweg; da sagte der Alte:

Kinder, entkleidet euch nun und stürzet hinab in die
Wellen,

Denn hoch flammet die Sonn' und saugt an den Kräften
der Jugend.

185 Sprach es; schnell entschlüpfeten sie den Gewanden,
und glühten

Nackt in männlicher Schöne der Jugend, nerviger Kraft
voll.

Also brausen, bereit zum Kampf, im Thal des Gebirges,

Junge Hengste; der Lenz und der Anblick weidender Stuten

Füllen die schwellenden Adern mit Glut; aus schnaubenden Nüstern

Athmet Kraft, und flammet im Stral der dräuenden
Augen;   190

Fürchterlich sträuben die Mähnen, es wölbt sich der
Schweif, und die Felsen

Hallen vom Feldgeschrei der erdaufstäubenden Wieherer.

Siehe sie bäumen sich wild, mitkundig schielen die Stuten

Sorglos scheinend — Da kommen herab von zackigen
Felsen

Jäger, mit Seilen und List die muthigen Läufer zu fahen. 195

Aber sie beugen den Nacken mit vorwärts spähenden
Ohren,

Schnauben, springen empor, und stürzen alle zugleich nun

In den reißenden Strom — So stürzte die männliche
Jugend

Schnell hinab in den Strom, auf ihren Rossen die Reiter,

Nackt wie die Rosse, bald über dem Roß, bald unter
dem Rosse;   200

Hoch auf brauste der Strom mit schäumenden Wogen,
erschrocken

Fuhr in des felsigen Ufers Kluft die bunte Forelle,

N 2

Und der Reiher entrauschte dem bebenden Wipfel der
Eiche.

So beflügeln diese die Zeit mit Kämpfen und Spielen.

205   Aber es hatten die Weiber und Mädchen ein Gast=
mahl bereitet,
Hatten mit ihren Früchten die Erde geschmückt, und mit
Blumen.
Nun erscholl der Männer Geschrei; da gingen der Jung=
fraun
Zwo, die schöne Clara, mit ihr die schönere Dora,
Zu dem Vater, luden zum Mahl ihn freundlich, und
streuten
210 Blumen auf seinen Pfad; so wallen nickende Tauben
Schüchtern und schön im Sonnenschein mit schimmernden
Hälsen.
Und sie führten ihn hin auf einen schwellenden Moossiz,
Welchen sie sorgsam ihm und der Mutter hatten bereitet.
Ueber ihnen wölbete sich die schattende Buche
215 Welche geschattet schon hatte der Braut und dem Bräu=
tigam Cervo.
Cervo wandte gerührt sich zu der Alten, und sagte:

Blühende Jugend, o Weib, war, unsre Hochzeit zu
feiern,
Hier versammelt, wie izt, der Jünglinge viel und der
Jungfraun;
Wenige leben noch, gekrümmt vom Alter, die meisten

Schlummern; doch schlummern sie sanft! und ihre seligen
Geister   220
Schaun mitleidend auf uns und unsre Freuden herunter.

Sprach's und enthüllte sein Haupt; es standen in
feiernder Stille
Rings die Kinder umher; andächtig flehte der Alte:

Segne deinen Kindern, o Vater aller, die Gaben
Deiner Milde, daß dankbar wir deiner Erbarmung uns
rühmen.   225

Cervo sezete sich auf das Moos, und Tortora bei ihm,
Rings die Kinder umher, und sittsam dienten die Jung=
fraun.

Mannigfaltig lachte das Mahl, die Beute des Nezes,
Und des Bogens, des Gartens Frucht und die Stärke
des Weinstocks,
Milch und Käs' und Butter und Seim, der Erstling des
Sommers.   230
Jeder hatte des Seinen mit frohem Herzen gespendet.

Viel erzählte der Greis den lauschenden Kindern und
Enkeln,
Von den Jahren der Jugend und von den Sagen der
Väter.
Frei, wie von einem Zweige der Finke hüpfet zum andern,

235 Wenn zu Freud' und Gesang die Lüfte des Märzes ihn
stimmen,

Sprang von diesem Gespräch der redliche Vater zum
andern.

Kürzer athmetest du und erröthetest, freundliche Dora,
Als er also sich wandte zum edlen Enkel Leandro:

Daß ich den Bogen an Mann gebracht, gefunden
noch habe,

240 Weil ich lebe, der spannen ihn kann, und einen der Meinen,
Biedrer Leandro, deß freut sich mein Herz, wie Dora sich
freuet!

Denn er war mir ein Splitter im Auge, so oft ich ihn ansah,
Daß von Spinnen umwebt der Schrecken des Adlers
nun da hing.

Mächtiges Horn, du schnellest hinfort aus der Hand des
Leandro

245 Fliegenden Tod, dein pfleget mit Oel die freundliche Dora.
Dora, schenke mir ein des funfzigjährigen. — Zitternd
Schenkte sie ein; da sagte der Greis zur lieblichen Jung-
frau:

Auf dein Wohl! Es bleibe beim Stamm des biedern
Leandro

Dieses Geschoß, nie fehle hinfort ein spannender Arm ihm!

250 Alle tranken des alten Weins, und wünschten den
beiden

Grauen Häuptern die Fülle des Wohls, aus glühenden
Herzen.

Aber nun standen sie auf, der Greis entblößte die
Scheitel,
Und es erscholl der Lobgesang von den Dankenden allen:

Vater, es wimmelt die Erd' und die Luft, es wimmeln
die Wasser
Von Geschöpfen, und du schauest alliebend herab! 255
Ach uns gabst du die schönste der Gaben! danken zu
können
Dir! Unendlicher, du hörest den lallenden Dank!

Schnell zerstreueten sich zum Spiel und zur Freude die
Kinder
Auf der blumigen Ebne; so fliegen in Tagen des Lenzes
Aus der Steinkluft summend die sonnenden Bienen, und
senken
260
Sich in die Kelche der Blumen, und glänzen von Tropfen
der Frühe.

Freundlich nahte die älteste Tochter den Alten, und
sagte:
Vater und Mutter, pfleget der Ruh nach Sitte der Alten,
Weil die Sonne noch hoch am weißlichen Himmel ver=
weilet;
Sieh, euch haben ein bräutliches Lager die Töchter bereitet! 265
Eure Ruhe sei sanft, und freudig euer Erwachen!

Also sprach die Tochter, und leitete Vater und
Mutter
Sittsam in eine gewölbete Halle; den adrigen Felsen
Kleidet dunkler Epheu von innen, blühendes Geißblatt
270Duftet rings umher, ein Quell entrieselt dem Steine
Rechts, mit schlummerladendem Murmel; die Höle der
Ruhe
Nennen diese Stäte noch heut des Thales Umwohner.

Allda hatten die Töchter von Moos ein Lager bereitet,
Hatten weiße Rosen umher und rothe zerblättert.

275   Freude lächelte hell aus Cervos und Tortoras Augen,
Und sie herzten die Tochter mit segenrufendem Danke.

Beide pflegten der Ruh, von kühlen Lüften umsäuselt,
Heilige Seelenruh entquoll den Herzen der Frommen,
Und im Murmel des Quells umschwebten Träume der
Wonne
280Ihre bereiften Häupter mit leise wehendem Flügel.

Aber aus blauerem Zelte, zwischen der Wölbung
des Himmels
Und den Thoren des Abends, stralete tiefer die Sonne,
Weiße Wolken mit blendendem Saum bedeckten den
Himmel
Hie und da, und huben den Glanz der blauen Vertiefung.

Tertora wachte zuerst; sie sah die verlängerten
    Schatten,   285
Und erweckte leise den Greis aus lieblichem Schlummer:

Cervo, die kühleren Stunden sind da, es harren die
    Kinder,
Auch die Jungfraun wollen sich dir und die kleineren
    Mägdlein
Zeigen, es klopfet die Ungeduld in den Herzen der Jugend.

Freudig richtet Cervo sich auf, sie gehen selbander 290
Aus der Halle; so gehn zwei Schwanen mit langsamen
    Schritten
An dem Ufer des Stroms, und sonnen ihr schimmernd
    Gefieder.

Sie begrüßet die Stimme der frohen Kinder, und
    eilend
Flechten die Jungfraun den lebenden Kranz des blühen-
    den Reigens.
Freudig, wie heller Gesang der steigenden Lerchen, er-
    schallen   295
Lieder zum Tanz; die Jünglinge schweben im eigenen
    Reigen,
Und es erschallt der Wechselgesang; auf einmal vereinen
Beide Reigen den Tanz und das Lied. So schweben im
    Herbste
Zweifachgeordnete Schaaren der langgehalseten Störche,

300 (Jede folget dem Flug des lüftetheilenden Führers)
In zwo lange Reihen getheilt mit schallendem Fluge;
Zween und zween berühren sich fast die vordersten Pilger,
Aber es trennt ein wachsender Raum die folgenden;
     freudig
Sieht der Winzer den Kindern der Luft mit staunendem
     Blick nach.
305 Aber die Schaaren erspähen sich bald; es fliegen Gesandte
Von der einen zur andern, und schnell vereinen sich beide,
Bilden nun einen verlängerten Keil mit doppelter Stärke.
Also tanzeten hier in langgewundenen Reigen
Jungfraun und Jünglinge, freudig erscholl der Flug des
     Gesanges,
310 Flogen dann aus einander, und ruhten im kühlenden
     Schatten.

 Angeschwollnes Gewölke zog von Mittag und Abend
Dunkelnd am Himmel auf und donnerte. Fernher rollten
Noch die Donner, die Wolken träufelten einzelne Tropfen.
Cervo freute sich. In seiner blühenden Kindheit
315 Hatte Cervo sich schon der Wetter Gottes gefreuet,
Wenn auf feuchtenden Flügeln sich Gottes Segen von oben
Auf die Erde senkend, das Thal erquickt und die Höhe.
Nun auch freuete sich der Greis des herrlichen Anblicks,
Und gedachte der vorigen Zeit, und sprach zu den Kindern:

320 Viele Donnerwetter hab' ich erlebet, und oftmal
Mich der Donnerwetter erfreut mit schauerndem Herzen;

Aber des einen vergeß' ich nicht: ich war im Gebirge,

Und verfolgte die Spur der schüchternen Gemse, da senkte

Sich ein schwarzes Gewölk; ich stand am Hange des Ab-
grunds,

Hinter mir rauschten Ströme herab von Felsen, und vor
mir, 325

Und das Gewölk umzog mich mit Nacht. So stand ich
an Felsen

Mit dem Rücken gelehnt, und troff von Wassern der
Wolke.

Donner erschollen von jener Seite, zuckende Blize·

Zeigten mir stürzende Wasserfälle, zeigten den Abgrund.

Schaudernd vor Kälte stand ich und harrete; aber die
Wolke 330

Hub sich, da wandelt' ich frisch die stürzenden Ströme
vorüber;

Ueber mir zuckten und unter mir Blize, ein sonnichter
Gürtel

Stralete rings am Berg auf meinem einsamen Fußpfad,

Und ich wandelte froh, mit Gesang, umschallet von
Donnern,

Und von rauschenden Fluten in hohlen Felsen umschallet·335

Kinder, wer Gott vertraut, der sieht in Flammen des
Himmels,

Und auf Flügeln des Sturms den Engel des Herrn, und
erschrickt nicht!

Sei mir gesegnet, Engel des Herrn! du kommest die Erde

Milde zu tränken, und werdest von Menschen Regen genennet,

340 Oder du kommest auf zückendem Stral, und lösest des Lebens

Bande mit feuriger Hand, und es nennen Sterbliche Tod dich!

Kinder, es wird mir so wohl ums Herz! ich gedenke der Todten,

Die ich weinend begrub, und Sonne bestralt mir die Seele.

Kommt! ich habe mich heut mit meinen lebenden Kindern

345 Herzlich gefreut, wir wollen auch unsre Todten begrüßen.

Blumen auf Gräber streuen ist schön! es geziemet der Jugend

Und dem Alter, doch mehr dem Alter! Schmücken wir alle

Nicht die Hütte den Abend vor einem heiligen Festtag?

Also sprach er, sein Antliz glänzete; also erhellet

350 Noch die gesunkne Sonne den schneeigen Gipfel des Berges.

Sanfte Schauer ergriffen Tortora; Männer und Weiber,

Jungfraun und Jünglinge schauten dem Greis ins lächelnde Antliz,

Und empfanden mit Ehrfurcht die Ruhe des Himmelvollen.

Cervo machte sich auf und Tortora, Männer und Weiber,

Jungfraun und Jünglinge folgeten nach, und hüpfende 355
Kinder;

Jungfraun trugen in bunten Körben Blumen und
Blüthen,

Die sie fürs heutige Fest gepflücket hatten, und pflückten
Noch im Gehn der Blumen umher und der träufelnden
Blüthen.

Manche weineten, als sie den Acker Gottes betraten;
Aber sie weineten Thränen der Wehmuth und Thränen
der Wonne.   360

Cervo sah sie weinen und lächelte, aber ihm bebten
Helle Thränen in beiden Augen; so schimmern am Frucht-
baum

Tropfen des Regens im Sonnenschein. Er nahte den
Gräbern

Ernst und wonnevoll, und streuete Blumen und Blüthen
Auf die Gräber der Seinen; auch Tortora streuete Blumen   365

Weinend, und alle streueten Blumen. Die lauten Donner
Schreckten sie nicht. — Es ist mir als hört' ich schon die
Posaune!

Sagte der Greis, und sezte sich zwischen den Gräbern der
Seinen,

Unter die mächtige Eiche, die seine schlummernden Väter,
Seine schlummernden Kinder umwehete; neben ihm sezte 370
Tortora sich, und schlang um den Greis die zitternde
Rechte.

Siehe da flammte, siehe da scholl's vom Himmel! Die
Kinder
Bebten zurück und bebten hinzu, es rauchte die Eiche;
Cervo und Tortora lächelten noch im Schlafe des Todes.
375 Lautes Weinen erhub sich; da sprang mit glühendem Antliz
Bebend Leandro hervor und rief: Ich nenne nicht Tod dich,
Engel des Herrn! sei mir, du Bote Gottes gesegnet!
Rief's und umarmte mit stürzenden Thränen die Kniee
der Todten.

Hell ward wieder der Himmel, der Stral der schei=
denden Sonne
380 Schien den beiden Todten ins Friede=lächelnde Antliz.
Dora drückte Tortoras Augen, es drückte Leandro
Cervos Augen mit Ehrfurcht zu, mit heiliger Wonne.
Wo sie entschlummerten, schlummern sie nun. Die Enkel
der Enkel
Streuen Blumen auf's Grab der Schlummernden. Summende Bienen
385 Wohnen im blizgespalteten Stamm der mächtigen Eiche,
Ruhe lispelt dem Enkel ihr Laub und Wonne des Him=
mels!

Lied eines jungen Mannes.

Es ströme Freud' aus meinem Mund!
Sie quillet aus des Herzens Grund;
Da quillt sie täglich neu und hell,
Wie aus der Felsenkluft der Quell.

Mein ganzes Glück erschien mir kaum   5
In Jugendwünschen und im Traum;
Und fällt mir wohl ein Glück noch ein,
Daß ich nicht sag' : Auch du bist mein!

Ich schwelle, wie ein Baum voll Saft,
Von Jugendlust und Männerkraft,   10
In meinem Schatten wohnet Ruh,
Und Freud', und süße Liebe, du!

Denn liebevoll, in keuscher Zucht,
Schlingt rankend sich, mit schöner Frucht,
Von Seele schön, und schön von Leib,   15
Um meinen Stamm ein junges Weib.

Ich wohn' in stiller Schatten Thal,
Mir rauschen Aehren ohne Zahl,
Mir reift im Sonnenschein die Kraft
20   Des Oelbaums, und der Rebe Saft.

Und Rinder brüllen um mich her,
Und Schafe blöken um mich her,
Und Tauben flattern um mich her,
Und Bienen summen um mich her.

25   Ich nenne mein des Berges Höh,
Und nenne mein den tiefen See,
Es höhnt mein Netz, es höhnt mein Pfeil
Des Fisches Flucht, der Gemsen Eil.

Die Schleuder saus't um meinen Hut,
30   Den Kiesel färbt des Adlers Blut,
An meiner Angel zuckt der Lachs,
Die Höle schützt umsonst den Dachs.

Mit Lust ereilt mein schnelles Roß
Den Wolf, den Falken mein Geschoß,
35   Der Keuler rennt in meinen Speer,
Der Büffel stürzt, mir stürzt der Bär!

Und kehr' ich dann des Abends heim,
So trägt mein Weibchen Milch und Seim,
Und Käf' und Butter, süß und frisch,
Und thauend Obst auf meinen Tisch.   40

Das Herz des frohen Knaben lacht
Beim Raub der väterlichen Jagd;
Das Mädchen zupft, mit scheuer Luft,
Den Goldglanz aus des Adlers Brust.

Beim Weibe ruh' ich sanft die Nacht,   45
Sie schläft, doch ihre Liebe wacht,
Und mit des grauen Morgens Gruß
Erwecket mich ihr weicher Kuß!

Aura.

Eine Erzählung von Pſůche.

Der Nacht Schatten wallte wie ein Schleier die Ge=
birge herab, und ſchon war die Sonne ins Meer geſun=
ken, ihre ſcheidende Strahlen rötheten den weſtlichen
Himmel, wie der Mai den ſchönen Buſen der weißen
Roſe. Noch irrte Aura in den Thälern umher, und
merkte den Thau des Graſes nicht, der ihre Füßchen
nezte, wenn ſie über die blumigen Weiden bald eilend
ſchwebte, bald mit langſamen Schritten die wallende
Seele umhertrug.

Das Blöken ihrer Herde, die ſich nach ihrer gewohn=
ten Ruhe ſehnte, mahnte ſie nicht an die Heimkehr; ihr
Herz war zu voll, um das was um ſie her lebte zu achten.
Sie kam ans Ufer des Sees, an dem ihr, ach vor kur=
zem noch! die Tage wie Augenblicke in ſüßer unſchuldi=
ger Freude hingeſchwunden waren. Hier ſank ſie, von
Wehmuth und Schmerz ermattet, an einen Stein. Ueber
ſie hin duftete liebliches Geißblatt ſeine erſten Blüthen
aus, auf des Schilfes Geſäuſel wehte der See ihr Er=
friſchung zu, und ſanfter Lüfte Flügel kühlten ihre bren=
nenden Augen, die keine Thräne mehr hatten. Leiſe,
nach manchem Seufzer, begann ihre Klage, verlor ſich
erſt im Lispel des Schilfes, dann ſtieg ſie auf, wie aus

der Nachtigall Kehle die seelenschmelzende Stimme:
„Bin ich für immer elend, und wird nie mein Schmerz
„sich enden? Soll ich mein Leben verweinen im dunkeln
„Thale des Jammers, und werden mir nie der Freude
„Tage mehr lächeln wie Morgenroth? Rinaldo!
„Rinaldo! wie kann mein Bruder dich hassen, der du
„so liebend und liebenswerth bist! — Ach wie wallte
„mein Herz, wenn oft in traulichen Reden der Vater
„Sohn dich nannte, und die Mutter wie ihren Einge=
„bornen dich liebte! nun hassen sie dich, weil Duro
„dich hasset. Nur ich liebe dich noch, und will so lang'
„ich athme dich lieben! Meine Seele ist mit der deinen
„verwebt, die Liebe hat sie mit Faden umwunden,
„die feiner wie Aether sind, und fester wie die Bande
„des Lebens! Aber du bist ferne von mir, Rinaldo!
„und unsre Schritte begegnen im Irren sich nicht; uns
„trennen vielleicht unendliche Höhen und Tiefen! Mein
„Jammer dringt nicht zu dir, und ich höre die Seufzer
„deiner Liebe nicht! O daß eine Felskluft uns deckte,
„die Zuflucht der weißen Kaninchen, oder wir auf den
„Gipfeln der Berge wohnten, wo in stolzer Ruh der
„Adler sein Nest bauet! die Pfeile meines Bruders soll=
„ten uns da nicht treffen, und die Flammen seiner Au=
„gen würden nicht mehr die Rosen meiner Wangen
„bleichen! "

So klagte die schöne Aura, und die Worte erstarben
in ihren Seufzern, welche die Lüfte des Sees verwehten.

Sie wußte nicht, daß in ihren quillenden Thränen der aufsteigende Mond sich sah, wie im Tropfen Thau an des Geißblatts zarter Blüthe, die auf den Locken ihrer Stirne bebte. Bald aber sahe sie den stillen Vertrauten ihrer Schmerzen, blickte ihn traurig an, und erhub sich, der Heimath gedenkend. Sie staunte, als sie ihre Lämmer schlafend fand, die sie umsonst an die späte Stunde gemahnet hatten. Eilend trieb sie sie nun vor sich her. Sie säumten nicht, und hüpften die wohlbekannten Steige zur Hütte entlang, und mit bangem Herzklopfen trat Aura in die Thüre, die für sie nur noch aufstand. Die Eltern sagten ihr nichts, ob sie gleich wegen ihres ungewöhnlichen Säumens gesorgt hatten, und Aura eilte zum Schwesterchen in die Kammer; diese saß auf ihrem kleinen Lager und weinte, hatte des Schlafes sich lange erwehrt, um noch die Schwester zu liebkosen. „Kommst du endlich?" sagte sie schluchzend, und schmiegte das gelbgelockte Haupt an ihre Brust, und küßte ihr mit Inbrunst die Hände. Aura drückte sie an ihr Herz, sie konnte nur so antworten. „Ach," sagte die kleine Medora, „ich konnte gar nicht schlafen, weil du mich nicht wie sonst ins Kämmerchen führtest, und unter schönen Geschichten entkleidend zu Bette legtest. O süße Schwester! es thut mir so weh, daß der Vater dir nicht so freundlich wie sonst ist, und wenn die Mutter heimlich weint, und ich frage warum? — sie seufzend dich nennet, deren Namen sie sonst nur mit Freuden erfüllte."

„Traure nicht um mich, du trautes Kind!" sagte Aura—

„Schlafe nur sanft, und freudig sei dein Erwachen! O
daß deine Tage in ewiger Wonne wechseln mögen, und
deinem entknospenden Leben kein tödtender Wurm sich
nahe, der an den ersten Blüthen nagend das Haupt dir
beuge!" — Sie wiegte an ihrer Brust den kleinen Engel, bis der trauliche Schlaf sie in die Arme nahm.

Nun ging Aura noch hinaus zur Mutter, und bat
sie um ihren Segen zur Ruhe; sie sank vor ihr auf
die Knie, umschlang sie mit bebenden Armen. „Mutter!
ach Mutter!" stammelte sie — mehr ließ sie die Wehmuth nicht reden. Leise schob, die Hand vor dem Busen,
die Mutter sie weg, und wandte ihr Antliz, die steigende
Thräne zu bergen. Wie sie aber auf ihrer Hand des
Kindes heiße Lippen, die Thränen in den herabwallen-
den Locken, das Klopfen ihres lieben Herzens im
schönen Busen fühlte! — Da entglitt ihr die Hand, sie
beugte ihr nun feuchtes Gesicht über die glühenden
Wangen der Tochter, die in Schmerzen versunken an
ihrem Herzen lag. Der Mond der ins Fenster schien,
erleuchtete sie in dieser rührenden Stellung, und die
Mutter blickte auf ihr schönes Kind herab, das vor ihr
lag, wie ein weißes Lämmchen, welches, eben von der
Höhe eines jähen Felsen herab gestürzt, in seiner leblosen Betäubung da liegt. Ihre Seele ward bewegt, und
sie drückte sie heftig an ihre Brust, bedeckte sie mit strö-
menden Thränen! „Süßes, geliebtes Kind! du mar-
terst mein zerrißnes Herz mit deinen Qualen, die du dir

aber doch selber bereitest. Erfreue mich und uns alle wieder, und folge unserer weisern Erfahrung." „Hast du denn nie geliebt, Mutter? — und könntest du Blumen, die du mit eigner Hand und warmen Herzen gesäet hast, so in ihren Knospen ausreißen, ehe du sie blühen gesehen, und dich an ihrer Schönheit Glanz, an ihrem labenden Duft dich gefreuet hättest, wovon dir die Seele so viele Bilder vorher schuf?" „Schweige von Liebe, du bist noch ein Kind und kennest sie nicht! Wie kannst du dir Freuden von dieser Liebe versprechen, die dein Bruder mit Abscheu verfolgt, und wir mißbilligen müssen?" „Ach Mutter! du redest wider dein Herz; oder hast du die Tage wirklich vergessen, wo du mit Mutterliebe an ihm hingst, und oft dein segnender Blick auf uns sank? Mild wie die Sonne an den ersten Blüthen des Frühlings glänzt, und sie mit belebenden Strahlen der schönsten Reife entgegen bringt." „Geh zur Ruhe, mein Kind!" sagte seufzend die Mutter, und erhub sich. Schweigend erließ sie Aura, und wankte zur Kammer, wo ihr Schwesterchen sanft athmend schlummerte. Auf ihren Wangen hatte rosenblühende Schönheit, mit der Lilie Unschuld sich verwebt, und ruhig lag sie in ihren gelben Locken, gleich einem schlafenden Engel, der in den ersten Stunden seiner Erschaffung in seliger Ruhe da liegt. Aura sahe sie an, die Hände über den Busen gefaltet. „Ach daß die Ruhe mich so umwehte wie dich, du holdseliges Kind! und des Schlafes Flügel mich deckte!" Sie legte ihre Hand noch auf des Kindes Herz, und es that ihr wohl sein Klopfen zu fühlen. „Du verkennest mich nicht und liebst mich, du Kleine, und wünschest mich glücklich zu sehn; das höre ich in jedem Lispel deines sanften Odems, der meine Seele erquicket, wie in der Mittags= hize ein kühlendes Lüftchen die lechzende Blume erfri= schet!" Aura legte sich nieder; doch die Liebe ließ sie nicht ruhen, sondern füllte ihr Herz mit traurigen Bil= dern, die vor ihrer Seele überwallten, wie über des Thales Quelle die Nebel der Gebirge; dicht und trübe steigen und sinken sie, und wenn der Tag auch wieder= kehret, so beglänzt der Sonne milder Strahl sie doch nicht, und der Schimmer des Mondes erhellet sie nicht, noch kein Flimmern der grünlichen Sterne.

Die arme Aura war zu selig gewesen, von dem ersten Seim der Liebe, mit dem ihr die Unschuld die Lippen genezt hatte! Ihr war wie dem Sonnenküch= lein, *) das noch, im starren Arm des Winters schlum= mernd, vom ersten Kuß des Frühlings leise geweckt sich reget, die Augen öfnet, entzückt umherschaut, die Flüg= lein breitet, sich hebet, und ach! ins Blaue sich wagt — es schwebt — es schwirrt im labenden Strahl der

---

*) Sonnenküchlein. Vielleicht ein Provinzialwort. In andern Gegenden Deutschlands nennt man den lebhaften kleinen rothen Käfer mit schwarzen Flecken, welcher sich oft schon im März zeigt, Herrgottsvögelchen.

Sonne! senkt sich ins Veilchen, und taucht das Züng-
lein in duftigen Nektar, will trunken werden; da,
sieh! — ein wilder Sperling flattert und scheucht
es! — Es zittert, und flieht — lange verfolgt es der
Räuber! —

Rinaldo kam zur Hütte ihrer Eltern, ein fremder
Jüngling; schön war seine Gestalt, bräunliche Locken
wallten um die weißen Schläfe, zu denen das männliche Braun von den Wangen noch nicht gestiegen war.
Sein blaues Auge blickte frei und edel umher, und drang
in die Herzen der Mädchen. Aura saß unter dem Re-
bengeländer vor der Hütte Thür, es war an einem
Maiabend, die Herde, mit der sie eben heimgekehrt war,
umspielte sie noch. Sie saß mit der weißen Spindel,
indeß die kleine Medora mit den Lämmern hüpfte,
denen die Auen *) oft blökend folgten, und oft still stehend sie forschend ansahen, ob auch das Spiel des
Mägdleins den Lämmlein zu stark würde. Rinaldo
kam in den lezten Strahlen der Sonne den grünen Hügel herab, und staunte ob dem Anblick, der noch wie
keiner ihm in die Seele drang. Sein Herz war noch
frei, wie konnte es einen Augenblick ungerührt von
Aura bleiben, denn Aura war schön wie das Kind

*) Aue. Abermals ein Provinzialwort, aber ein Westphäli-
sches. Wie kommt Psüche dazu? Aue, ein Mutterschaf.
Englisch Ewe. Ich sehe nicht, wie wir des Wortes Aue in
diesem Sinne entbehren könnten. Sehr poetisch wird es
statt Wiese gebraucht, wo es doch entbehrlicher wäre.

der Liebe! Unschuld umgab sie wie ein Gewand, und
Anmuth leitete ihre Schritte! Der Jüngling grüßte sie
freundlich, sie sah ihn an, und es war ihr, als gösse sich
ein anders, ein neues Leben durch ihre Adern. Sie
brachte Rinaldo zu ihren Eltern in die Laube des Gar=
tens, und mußte erröthen, selber nicht wissend warum;
die Eltern begrüßten ihn freundlich und behielten ihn
zur Nacht, und den andern Tag, und so ferner, keiner
dachte von ihnen allen ans Scheiden. —

Indeß sahen die Eltern, wie den Kindern unbewußt
die Liebe in den Herzen aufwuchs. So keimt im Garten
unter Blumen versteckt das zarte Kirschbäumchen, treibt
Blätter im Stillen, dann einen Stamm, und bald er=
hebt es sein Haupt mit Blüthen umkränzt über die Blu=
men die es gedeckt hatten, und dann glänzt die rothe
Frucht an den belaubten Zweigen! Die Eltern liebten
den Jüngling und erlaubten ihm gern Aura zu lieben.
Auch sollte nun bald das schönste Band sie umwinden, um
sie unzertrennbar durchs Leben zu vereinen.

Ach daß die Blumen, Aura, zu deinem Kranze
blühten, und nur die Liebe zögerte ihn zu winden! Die
Liebe saß indeß mit verschlungnen Armen an der Quelle,
gedachte der Freuden eures Bundes, und wie sie selbst
diese Freuden, immer alt und immer neu, jeglichen
Tag wie die Sonne aufgehn ließ.

Diese genoſſen die Liebenden mit ofnen unſchuldigen
Herzen, und die Tage entſchwanden ihnen wie Augenblicke unter ihren Geſprächen, und den ländlichen Freuden, die ihnen die ſchöne Natur mit tauſend Händen
darbot. Nie waren ſie glücklicher, als wenn ſie mit der
Herde unter Blumen in ſchönen Gegenden irrten. Von
ihrer Liebe, von jezigen und künftigen Freuden ſich un-
terhaltend, entſtiegen dann ihrer glücklichbildenden
Phantaſie ſüße Plane, wie den klaren Gewäſſern ſchöne
blaue Libellen *) entſteigen, ſich in Blumenkelche ſen-

---

*) Libelle. Unter den Namen Waſſernymphe, Jungfer,
iſt dieſes ſchöne Inſekt wohl den meiſten bekannt. Aber
wenige wiſſen vielleicht, warum es an ſchönen Sommerta-
gen ſo gern über Gewäſſern flattert, und alle Augenblicke
den untern Theil des Leibes ins Waſſer taucht. Dann
legt es ſeine Eier. Aus dieſen Eiern kriecht ein gefräßiges
kleines Waſſerthierchen. Wenn dieſes die Hälfte ſeiner
künftigen Größe erreicht hat, bekommt es Flügelhüllen.
Vollkommen erwachſen, kreucht es aus dem Waſſer, hängt
ſich an Gras oder Geſträuch, und verwandelt ſich in ein
ſchönes ſchlankes Inſekt mit vier Flügeln. Herder hat dieſes
liebliche Thierchen ſehr lieblich in dieſem Liede beſungen:

Die Waſſernymphe.

Flattre, flattr' um deine Quelle,
Kleine, farbige Libelle,
Zarter Faden, zartbeſchwingt!
Fleug auf deinen hellen Flügeln,
Auf der Sonne blauen Spiegeln,
Bis dein Flug auch niederſinkt.

fen, die ihnen Haus und Bette, Kleidung und Mahl
sind!

2.

Deine längsten Lebenstage,
Fern von Freude, fern von Plage,
Hast du, Gute, schon gelebt;
Als dich Wellen noch umflossen,
Als dich Hüllen noch umschlossen,
Waren sie dir leicht gewebt.

3.

Jezt, nach deinem Nymphenleben,
Darfst du als Silphide schweben,
Wie weit dich der Zephir trug;
Und du eilst, mit muntern Kräften,
Nur zu fröhlichen Geschäften,
Deine Liebe selbst ist Flug.

4.

Flattre, flattr' um deine Quelle,
Kleine, sterbliche Libelle,
Um dein Grab und Vaterland;
Eben in dem frohsten Stande,
Fleugst du an des Lebens Rande;
Ist das meine mehr als Rand?

5.

Einst, wie dir, wird deinen Kleinen
Auch die Sommersonne scheinen,
Gieb der Quelle sie als Zoll,
Und erstirb; die matten Glieder,
Seh' ich, welken dir danieder;
Schöne Nymphe, lebe wohl!

Oft faßen sie am See, der ihnen aus seiner Tiefe, mit grünen Zweigen umwebt, zu jeglicher Stunde frische Kühlung zuwehte. Die Nachtigall sang ihnen da unaufhörlich zur Seite, und Arm in Arm geschlungen lauschten sie der süßen Sängerin der Liebe. Oft strömte ihr Gesang in die Seele Rinaldos, daß er, sanfter Entzückung voll, ihr und der Liebe seine tiefen Empfindungen in melodischen Worten ausgoß.

Wie entzückst du die Seele mit süßen harmonischen
Tönen,
Daß sie erzitternd sich hebt, und hoch in die Himmel
sich schwinget!
Auf den Flügeln deines Gesangs, der Erd' entsteigend,
Sieht sie nicht mehr die Blumen um sich, der webenden
Zweige
Blüthen, der Seen stille Gewässer nicht, noch der Wiese
Schlängelnden Bach; der Sphären Wechselgesang er-
tönt ihr;
Auf der Gestirne Strahlen schwebet sie, denkt Gedanken,
Welche, der Erde zu hehr, in himmlischen Lüften verwehen.

Soll ich die Quelle des Zaubers, den du aus wir-
belnder Kehle
In die Herzen uns gießest, o Philomela, enthüllen?
An den Quellen der Morgenröthe verweilte die Liebe,
Bei der Wiege des jungen Lenzes, den Augen entquollen
Thränen süßer Gefühle; da stieg zu deiner Erschaffung

Ihr in die bebende Seele der erste, leise Gedanke.

Dreimal athmete lächelnd sie, und erschuf dich. „Nimm die
Flügel der Frühe" sprach sie, „und meines Odems
Stimme!"

Hauchte belebend dich an! Auf flatternden Schwingen
entsankst du,

In ein Myrthengebüsch, das ihr um die Füße sich wölbte.

Und da athmetest du die süße, melodische Stimme,

Daß vom geflügelten Ton die Blüthe der Myrthen
erbebte.

Lächelnd entschwebte die Lieb' auf Rosengewölken, sie
blickte

Segnend dich an, und sprach: „In lieblichen Düften des
Maies,

Hauche süßer Thränen Gefühl und Wonne den Menschen!"

Scheidend horchte sie noch den fernhin schmelzenden
Tönen,

Die in den Westen um sie, wie Seufzer der Lieb', erstarben.

Aura hatte ihrem Rinaldo oft von einem Bruder erzählt, der seit einem Jahre in der Fremde war, und
nun wohl bald wiederkehren würde. Ach sie wußten
beide nicht, daß, wenn sie glaubten von einem Bruder zu
reden, sie sich von dem künftigen Störer ihrer Ruh
und Freuden unterhielten! Rinaldo wußte nicht, daß er
ihn schon kannte, daß Auras Bruder sein Feind war.
Er hatte ihn unversöhnlich in einem Wettschießen er-

zürnt, wo sein Pfeil den seinigen ereilend stürzte, als
Duro schon das Ziel zu erreichen glaubte. Das konnte
der rauhe Jäger ihm nie verzeihen, so sehr sich auch
Rinaldo darum bemühte, dem es weh that, wenn er
wußte daß ihm jemand gram war.

Eines Mittags, als sie wieder mit der Herde heim=
kehrten, fanden sie die Mutter emsig beschäftigt die Hütte
zu schmücken, wie zu einem Feste; auch glühten ihre
Wangen vom Feuer des Herdes, auf dem sie die Beute
der Jagd bereitete. „Was hast du o Mutter?“ frag=
ten eilig die Kommenden. „Ei ihr werdet es wohl er=
fahren, ich darf es euch nicht verrathen. Komm indeß,
Aura, und hilf die Kräuter zum Salat mir lesen. Die
würzigsten suche, und dann kühle und reinige sie im
Bache.“ Aura eilte und kam bald mit den glänzenden
Kräutern wieder heim, und stellte sie im schönen, runden
Gefäß auf den weißen Tisch. Da trat in die Thüre der
Vater, mit ihm der Sohn, Auras Bruder. — Sie
eilten sich entgegen, und schon umschlang mit Bruder=
liebe sein Arm sie, als er Rinaldo erblickend, auf ein=
mal zurückfuhr. Dieser erstarrte, als er seine Braut
an der Brust seines Feindes sah. „Ist das der Jüng=
ling, Vater? Nimmer werd’ er mein Bruder!“ rief er
voll Zorn, und wandte sich plözlich von Aura, die vom
schnellen Uebergang der Freude zum Schrecken über=
wältigt, ohnmächtig hinsank! Ihr Bruder war ihr ein
Räthsel, ach aber das Räthsel löste sich bald! und sie

erfuhr, was sie nie geglaubt hätte, daß Duros Herz
hart wie sein Name sei. Die Eltern, welche Rinaldo
liebten, und wußten, wie Auras Seele an ihm hing, ver=
suchten alles, ihn mit dem edlen Jüngling zu versöhnen;
aber nichts rührte den Eisernen! er verhärtete sogar
sein Herz beim Anblick seiner ehmals so geliebten Schwe=
ster, die von innerm Grame bleich, oft in stummen
Thränen vor ihm zerfloß. So beugt die zarte Lilie ihr
Haupt, wenn die Mittagssonne in starker Glut ihre
Strahlen wie Pfeile auf sie herab schießt. Die glänzen=
den Tropfen des Morgenthaus hat sie verzehret, nun
saugt sie an der Wurzel und trocknet die schönsten Säfte
aus, die so lieblichen Duft um sich verbreiteten! Wird
kein mitleidiges Wölkchen dich schirmen vor der bren=
nenden Glut, und wird kein Abendlüftchen dich bald
anhauchen, — daß der milde Schleier der Nacht dich
umwalle, und auf dem sanfteren Strahl des Mondes
dir Erquickung zuschweben?

Duro verfolgte sie mit scharfen Reden. Die gin=
gen Rinaldo durchs Herz, denn er sahe, wie sie gleich
einem versengenden Mehlthau, die Rosen auf den Wan=
gen seines Mädchens bleichten. Er entschloß sich, sein
liebendes Herz zu besiegen, dem süßen Anblick und
dem himmlischen Umgang mit seiner über alles geliebten
Aura zu entsagen. Lange trug er diesen bittern Vor=
saz mit sich umher, eh' er ihn ihr entdecken konnte. Wie
ihm aber eines Abends die Wehmuth und der zurück=

gehaltene Zorn wider Duro zu mächtig ward, brach
er sein trauriges Schweigen. Er war allein mit Aura,
an einem ihrer Lieblingspläze. Dieß war ein Hügel am
Bach, den hohe Buchen umkränzten; in ihrer Mitte
stand eine Birke, die mit sanftem Lispel, wenn dichtere
Zweige schwiegen, ihnen unnennbare Empfindungen
zusäuselte. Der Mond bebte durchs grüne Laub, und
Rinaldo küßte sein blasses Bild oft in der stillen
Thräne an Auras Wimpern auf. „Du sollst nicht länger um mich leiden," sagte er; „ich will den Wünschen
deines Bruders zuvoreilen, und seinen Blicken einen
Feind entziehen, dessen Gegenwart sein Herz nur noch
mehr verhärtet. Dann aber, hoff' ich, wird es schmelzen,
wie das Eis am Felsen, wenn der Winter das Thal
verläßt, und dich wird wenigstens die Ruhe wieder segnen." Aura sank an sein Herz, die Rede Rinaldos
drang wie ein Schwerd durch ihre Seele, und dennoch
durfte sie nichts dagegen antworten. Mit ihm zu fliehen
hatte ihr kindliches Herz ihm versagt; wie hätte sie
ihre Mutter in solche Tiefen der Angst stürzen können?
Ach aber wie tödtend war der Gedanke, ohne Rinaldo
zu leben! — Das wäre ja kein Leben, nur Schatten
des Daseins, leer und gedankenlos! öde wie finstre
Nächte! „Einst werden uns ja wieder frohe Tage
lächeln, daß ich wiederkehre, um ewig ungetrennt von
dir zu sein! Das darf ich von der Reinheit unsrer Liebe
hoffen, auf die Gott gewiß mit Wohlgefallen herab
schaut. Laß mich denn gehn, vom stolzen ruhigen Ge-

danken begleitet, daß ich dir deine Eltern und deinen Bruder versöhne, der soll mein Kissen des Nachts sein, und eine Stüze auf harten Wegen." So tröstete und stärkte der Edle seine Geliebte, und schweigte die Stimme seines klopfenden Herzens, das laut wider seine Rede empor schlug.

Lange saßen sie schweigend im Schimmer des Mondes, und ließen die trüben Gedanken mit den Wellen des Bachs wallen, auf den ihre starren Blicke sich senkten. „So soll ich denn den dunkeln Pfad meines Lebens allein wandeln, ungestüzt vom warmen Arm der Liebe? So mögen denn meine Schritte wanken, daß ich bald sinke ins kalte Grab, wo die Ruhe mir mein Bette bereitet! die Liebe hat ihre Kammer vor mir verschlossen, ihr Lager nimmt mich nie auf; o daß uns denn der Ewigkeit Morgen bald aufginge, und wir der seligen Dämmerung entgegenschwebten, die uns jenseit dieses dunkeln Thales winket! Dort wütet kein Haß noch Trennung, nur Liebe und Unschuld wallen allda unter himmlischen Blüthen!" Athemlos umschlang so Aura ihren Rinaldo; mit heißen Seufzern segneten sie sich einander zur Trennung ein. Engel schwebten auf des Mondes Strahlen zu ihnen herab, voll himmlischer Wehmuth glänzte ihr Blick auf die Liebenden, und goß Stärkung in ihre Seelen, die sonst gesunken wären unter der Last der nahen Trennung!

P

In der Nacht verließ Rinaldo die Hütte. Die
Seele Auras begleitete ihn. Ihr tiefsinniger Blick,
der unbeweglich vor ihren Schritten starrte, verrieth
den Eltern die Trennung bald, und sie sahen, daß sie
nur die Hülle ihres Kindes behalten hätten, daß ihr
Geist dem gefolgt war, an den unauflösliche Liebe sie
band. Duro war weniger hart, doch schien es Aura
nicht zu bemerken; sie entzog sich, so oft sie konnte, ihrer
aller Blicken, und täglich eilte sie zum geliebten Hügel,
auf dem sie ihrem Rinaldo die lezten Küsse gegeben
hatte, wo ihr noch immer die Worte seiner Liebe wie
ein lindes Säuseln ertönten. Sie saß dann wie lauschend,
und sann an die Tage der Freuden, die da kommen soll=
ten, deren fernstes Dämmern sie noch nicht erblickte.
Langsam und trübes Blickes ging sie dann den Hügel
herab. So wallt ein einsames Wölkchen am Mond
vorüber, wenn die Sommernacht Stille und Kühlung
auf den glänzenden Flügeln des Thaues der Erde zusen=
det; der leichte Schatten schwebet über die blumigen
Wiesen, wie eine Schaar tanzender Mücken über spie=
gelnde Teiche, wenn ein scherzender West mit schalkhaf=
tem Odem sie vor sich her treibt, daß sie vor ihm sich
im Schilfe verbergen.

Rinaldo ging indeß mit schwerem Herzen, selber
nicht wissend wohin. Das Bewußtsein der edlen Selbst=
verläugnung ging ihm aber zur Seite, und umgab ihn
wie ein starker Schild. Der Gedanke an Auras Frie=
den

den füllte seine Seele, noch mehr der, daß er gewiß in
ihrem treuen Herzen lebe und ewig leben werde. Die
Stimme der Hoffnung sang ihm auch unaufhörlich im
Herzen, und voll süßer Wehmuth lauschte er ihren
Gesängen, die ihn in süße Träume wiegten, und in
die lächelnden Gefilde der Zukunft hinzauberten, in de=
nen Aura vor ihm schwebte, und den vereinten Pfad
ihres Lebens mit immer frischen Blumen bestreute.
Von einer Freude zur andern eilte mit ihr sein Geist,
wie die emsige Biene von Lindenblüthen zu Rosen schwebt,
und immer die Lippen nur mit dem obersten duftigsten
Thau nezet. — Sinnend ging er lange durch Thäler
und felsige Gebirge, bis er einen Strom entlang zu
einem schmalen Fußsteig kam, der ihn durch blühende
Büsche zu einer kleinen Hütte führte.

Hier nahm ein freundlicher Greis ihn auf, der dort
in friedlicher Einsamkeit lebte. Seine Hütte lag in der
schönsten Einöde; dicht an ihr grenzte ein Buchenwald,
den der Felsenstrom durchbraus'te, daß man in der Hütte
sein Sausen hörte, wie die Stimme der Tannenwipfel,
wo ihr Wald am dichtesten ist. Vor der Hütte hatte
der Greis schöne duftende Gesträuche gepflanzt, die ab=
wechselnd immer in Blüthen prangten. Die Felsen,
aus welchen der Strom stürzte, bildeten tiefe Höh=
len, in denen man die Regenbogen der Wasserfälle bei
untergehender Sonne mit tausend Farben spielen sah.

Viele Tage lebte Rinaldo hier, denn der Greis
gewann ihn so lieb, daß er ihn nie scheiden ließ, und
ihn von einem Tag zum andern aufhielt. Auch liebt'
ihn der Jüngling wie seinen Vater, und er horchte mit
Entzücken der Stimme seiner milden Weisheit, die wie
Honig vom Felsen, von seiner Lippe floß.

Alle Morgen bestieg Rinaldo den Felsen, der zu-
nächst an der Hütte steil empor ragte; seine Spize um-
schlangen Weinranken und Geißblatt in Blumenketten,
die vom Frühthau schimmerten. Auf dem höchsten
Gipfel des Felsen erwartete er den herrlichen Aufgang
der Sonne, mit ihm die erwachenden Vögel, die nur
leise noch um ihn zwitscherten, beim feierlichen stillen
Morgenroth, das in Osten heraufwallte, und noch
in erquickendem Thau auf die ruhende Natur herab-
schauerte. So feierlich ist die erste Stunde des frommen Dulders nach dem lezten Schlummer, wenn sein
Blick, in sanfte Dämmerung erst, dann in Morgenröthe gehüllt, der alles belebenden Sonne der großen
Ewigkeit entgegen staunt. Jezt stieg sie herauf! erst
zitternd, dann strahlend, und nun erweckt sie die ganze
Natur, die ihr wonnevoll in Millionen Harmonien
entgegen jauchzt! Entzückt stand Rinaldo und schaute
umher; seine ersten Blicke sanken dann ins Thal, wo
die Hütte seines Mädchens ruhte, und in Liebe versunken, dachte er nur sie, die ihm wie die Sonne durch die
ganze Natur in die Seele schimmerte.

Einst als er später wie gewöhnlich seine Wallfahrt zum geliebten Felsen antrat, (er hatte dem Greise geholfen die Reben der Laube zu binden) fand er, da er hinauf kam, schon die Sonne im vollen Glanz hervorgehn. Er setzte sich auf einer hervorragenden Klippe, die über das nächste Thal hing; dieß war wie eine enge rauhe Felskluft, durch die der Strom unten sich schäumend drängte: schroffe Felsspitzen stiegen an ihm auf und ab. Rinaldos Blicke sanken in diese schauerliche Tiefe, die ihn in die unendlichern Tiefen der Gedanken hinabriß, die oft in den Seelen der Liebenden sich dunklere Höhlen bilden, als die reißenden Felsenströme.

Als er so sinnend da saß, ward er auf einmal staunend gewahr, daß ihm eine menschliche Stimme in Seufzern ertönte. Er lauschte, und als sie ihm immer vernehmlicher ward, sprang er auf, und eilte dem Laute nach. Er stieg etliche Klippen hinab, ohne jemand zu erblicken. Da rief er. Eine dumpfe Antwort erscholl ihm; sie kam aus der Tiefe und flehte um Hülfe. — Er schrie ihr zu, daß er käme, und in kühnen Sprüngen, wo er immer der Gefahr wie eine Gemse entschlüpfte, war er bald unten, von wannen ihm die Stimme herauf getönt hatte. Da fand er endlich einen jungen Mann ohnmächtig, sein Gesicht war von Blut entstellt, das strömend aus den Wunden der Stirne floß. Er eilte, ihn mit Wasser vom Strome zu erfrischen, und rief die fast entflohene Seele wieder zurück. Dieser schlug die

Augen auf; aber sein Blick, der auf seinen Retter fiel,
den er für einen Engel vom Himmel gehalten hatte,
zitterte erschrocken zurück. Er erkannte Rinaldo.
Duro war der verwundete Mann, den fast die Fel=
sen zerschmettert hatten, als er, eine Gemse in unbe=
sonnener blinder Jagdlust verfolgend, von ihnen herab=
gestürzt war. Manche spize Klippe hatte ihm verrä=
therisch den Arm geboten, um ihn nur tieferen und
schärferen zuzusenden, bis er endlich auf einem breiteren
Stein, mit kleinen Gesträuchen und moosichten Gewäch=
sen bedeckt, liegen geblieben war.

Hier fand ihn der gute Rinaldo, erkannte aber
sein von Wunden bedecktes Antliz nicht, und er pflegte
und wusch ihn brüderlich. Duro seufzte und sagte:
„Ich denke, du kennst mich wohl nicht?“ — Die Stimme
fuhr Rinaldo durchs Herz, und sie stieß an und zitterte
von den Saiten seiner Seele zurück. So erschüttert ein
rauher Hauch des Windes zuerst die zarten Saiten der
äolischen Harfe, bis er wie ein sanfter West, in die lez=
ten feinsten hinüberschmilzt und in Harmonikas Tönen
erklingt. Duro war verwundet, und bedurfte seiner
Hülfe, das war genug, um alle Gefahren für ihn zu
wagen; er war Auras Bruder, wie gern hätte er sein
Leben für ihn gegeben! Auch hatte er ihn nie ge=
haßt, und immer gesehen, daß ihn nur leidenschaftliche
Aufwallungen wider ihn eingenommen hatten, welche
zu bekämpfen sein Herz zu stolz und zu schwach war.

Rinaldo bog sich mit freundlichen Blicken über ihn, und Duro sahe beschämt, welch ein edler Jüngling sein Feind war. Er suchte erst alles zusammen, um ihn auf die bequemste Art für seine Wunden fortzutragen; dann lud er ihn sanft auf seine Schultern, und ging den Strom entlang, dessen Ausfluß er kannte.

Der Weg zur Hütte war lang und eng und felsig; er suchte oft einen moosigen Stein, auf dem er den Leidenden ausruhen ließ, bis er in etlichen Stunden mit ihm zur Hütte des Greises kam. Dieser legte dem ermatteten Duro heilsame Kräuter auf die Wunden, und stärkte ihn mit erfrischender Milch, Früchten und Wein. So pflegten beide den Kranken mit treuer Sorgfalt, welche bald die Genesung herbeirief. Duro hatte seinen alten Groll vergessen und sich herzlich mit Rinaldo ausgesöhnt. Er war edel genug ihm zu gestehen, daß er sich sein selbst schäme, und seiner Verzeihung nicht werth sei.

Rinaldo war indeß selig, als umschlängen ihn schon die Arme seines Mädchens, froh wie die steigende Lerche, wenn sie im blauen Aether die leichten Schwingen badet und die freudige Seele in tausend melodischen Tönen ausgießt! Wie ein Gems eilte er seinen Felsen hinauf; es war ihm immer, als sei er da seiner Geliebten näher, und sein Geist schwebte auf den Flü-

geln der Sehnsucht und der Liebe vom Felsen zu ihr
ins Thal. Dieß Lied sang er da leise den ersten Morgen, nachdem er Duro gerettet hatte, und die Hofnung ihm mit Morgenschimmern, die um ihn die Felsen rötheten, ins Herz drang.

Auf jungem Strahle der Frühe
   Schwebe mein Liebesgruß!
Dringe durch neidische Schleier,
   Lagr' auf die Rosenlippe sich,

Und entküß' ihr die Träume,
   Ach die Träume von mir!
In denen ich Seliger lebe,
   Den sie in Seufzern nur nennt!

Lispl' im süßen Schlummer
   Zum Ohr ihr hinauf!
Nenn' ihr meinen Namen,
   Hauch' in Nachtigalltönen Ruh ihr ins Herz!

Wenn sie beim sanften Erwachen
   Mein dann gedenkt,
Und mit schmachtender Seele
   Nach entfliehenden Träumen noch hascht;

Dann entlocke der Hütte sie,
　　Wie die Nachtigall
Den Geliebten dem Busch entlockt,
　　Daß er das Nestlein auch decke.

Staunend blicket dann Aura
　　In die beglänzte Natur,
Deren Fülle ihr Liebe haucht,
　　Denn meine Seele schwebet um sie!

In der Vögel Gezwitscher,
　　In dem Säuseln der Blüthen,
Im Gelispel des Baches,
　　Tön' ihr mein Liebesgruß!

Sing' ihr von nahenden Freuden,
　　Von den Knospen der Liebe,
Von dem Schimmer der Hofnung,
　　Der hell auf dem Pfade zur Wiederkehr strahlt!

Mit zitternder Ungeduld wünschte er dem Augen=
blick Flügel, der ihn, an der Hand ihres, nun auch sei=
nes Bruders, zu ihr führen sollte. In tausend Bil=
dern erschien ihm da das liebliche Mädchen; das erste
Wallen der Freude umgab sie wie ein glänzender Schleier!
Duro war nun geheilt, und durfte jezt den Weg zur
Hütte wagen; früher hatte es ihm der weise Greis nicht
erlaubt, so sehr Dankbarkeit auch den Jüngling an=

trieb, daß er, seiner Schmerzen uneingedenk, jeden neuen
Tag mit Rinaldo eilen wollte. Der Greis begleitete
sie, um die schöne Braut seines geliebten Rinaldos
zu sehen, und sie zu segnen. Mit der ersten Frühe
gingen sie aus, und kamen, wie Aura eben mit der
Herde zu Mittag heimkehrte.

Medora hüpfte ihr entgegen, und zog sie mit
kindlicher Gewalt zur Hüttenthür; dann sah sie nach
den Lämmern sich um, und rief auf einmal: „Sieh
da! drei Männer kommen den Hügel herab; wer sind
sie, o Aura?" — Aura sah hin, erkannte den
Bruder — Rinaldo — und sank — doch auf der
Liebe Flügel eilte er, und die Arme des Geliebten hiel=
ten die Sinkende!

Sprache! Armseliges Kleid, in das die Empfindung
der liebenden Seele sich hüllen soll, wie sind deine Worte
so schwach! — Wie könnten sie fassen, was in den Bli=
cken, in der Seele Auras kämpfte! — Ihr Bruder
stand gerührt über sie gebeugt, auf den Stab gestützt.
Die Eltern eilten herbei, staunten und schwiegen, aber
ihre Blicke forschten im Kreise umher; der Greis ver=
stand und beantwortete sie. Da ergoß in segnenden
Worten sich ihr beklommnes Herz, und sie umarmten den
Retter ihres Sohnes mit dankbaren Thränen.

Aura konnte nicht reden, aber ihr Auge sagte
dem seligen Rinaldo die unnennbaren Gefühle ihrer

Seele, und er schwamm im Meer der Wonne, an ihrem klopfenden Herzen.

Unter' den Thränen hervor
  Erhebe dein Haupt!
  Ros' erhebe dein Haupt!
Der Gewitter Donner entrollen,
Verhallen in der Gebirge Höhlen!

Sieh' ich komme, die Freude kommt!
  Auf Farben des Friedenbogens
  Schwebet mein Fuß!
Sie bestrahlen die Thränen
Der matten Wimper!

Ich entküsse sie leise,
  Blühe nun schöner auf!
  Blicke lächelnd mich an!
Sieh' ich hebe den Schleier dir auf,
Den hüllenden Schleier der Zukunft.

Die Liebe kommt!
  Die hohe himmlische Liebe!
  Ihren Händen entwallen
Blumen=Kränze,
Dein sind sie, o Aura!

Ewig blühend umschlingen sie euch,
    Wir nezen sie beide
    Mit erquickendem Himmelsthau!
Daß sie duftender glänzen,
Immer schöner euch blühn!

.   .   .

In den Armen der Liebe
    Ruhst du! Auf frühem Strahle
    Küss' ich zu neuer Wonne,
In den Armen der Liebe,
Jeden Morgen dich wach!

Feier der Schöpfung.

Vor Sonnenaufgang ist die Gemeine auf einem Berge versammelt, das Gesicht gegen Morgen gewandt.

Eine Jungfrau.

In schwarzen Schatten
Lag schlafend die Erde,
In friedlicher Hütte
Der ruhende Mensch,
Auf thauendem Grase   5
Das Wild und das Vieh,
Der Vogel im schweigenden Wipfel des Baums.

Ein Greis.

In schwärzeren Schatten
Lag ehmals die Nacht,
Mit leblosem Flügel   10
Weit ausgestreckt.
Noch waren nicht Sterne,
Nicht Sonne, nicht Mond,
Du warest, o grünende Erde, noch nicht.

Die Jungfrau.

Wo athmete Leben?   15
Wo athmete Dank
Dem Vater der Wesen?

Der Greis.

Die Erstgebornen,
Die Söhne des Himmels
20   Erhuben sein Lob.

Die Jungfrau.

Sie waren nicht immer,
Sie wurden erschaffen,
Erschaffen wie wir!
Zwar sie, nicht geboren
25   Von weinenden Müttern,
Begrüßten nicht weinend
Den blendenden Stral.

Der Greis.

Im Ewigen war
Die Quelle des Lebens!
30   Bedarf er des Danks?

Die Jungfrau.

Der Ewige war
Gehüllet in Nacht?

Der Greis.

Im Ewigen war
Die Quelle des Lichts!
35   Es lagen vor Ihm
Die künftigen Welten;

Schon waren gewogen
Die kreisenden Himmel,
Schon waren die Thränen des Säuglings gezählt.

Die Jungfrau.

Doch lebte nur Er !   40
Der Ewige war
Noch einsam.

Der Greis.

Der Einzige war Er!
Der Einzige ist Er!
Und einsam nie!   45
Gedanken der Allmacht,
Der Liebe Gedanken,
Umgaben wie Schaaren der Himmlischen Ihn!

Chor der Greise.

Also flammet, noch ungesehen, mit zahllosen Stralen
Hoch am Himmel dein Licht, Sonne, von eigener Glut. 50

Die Jungfrau.

Es schauern die Wogen
Mit wallendem Blau,
Es hebt sich der Flügel
Der Morgenröthe.

Der Greis.

55 So schauerte einst
Die nächtliche Tiefe,
Ihr nahten die Flügel
Der ewigen Liebe.

Die Jungfrau.

Die Morgenröthe
60 Verbreitet den Fittig,
Und nezet ihr Rosengefieder
Im schimmernden Meer.

Der Greis.

So schwebete brütend
Mit wärmendem Flügel
65 Auf schweigenden Wassern
Der ewige Geist.

Die Jungfrau.

Die Sonne bestralet
Den blendenden Glanz
Auf starrendem Gipfel
70 Des Schneegebirgs.
Schön stralen die Ströme
Mit stürzendem Licht,
Noch bindet sie Nacht
Im mittelsten Lauf.

Der Greis.

So schwollen allmählich   75
Die Hauche der Liebe,
Und Leben entwand sich
Der fühllosen Nacht.
Nun flammten die Sonnen,
Nun rollten die Erden,   80
Die Thiere genossen,
Es dankte der Mensch.

Chor der Greise.

In der Tiefe wurzelt des allgemeinen Genusses
  Allumschattender Baum, hebt in die Himmel sein
   Haupt;
Gott, du pflanztest den Baum, und lagertest deine
   Geschöpfe   85
  Tief in die Schatten des Baums, hoch in die Schat=
   ten des Baums.
Allen wehet er Kühlung und Freude, dem Wurm an
   der Wurzel
  Und dem Adler, dem Haft *) und dem erhaben=
   sten Geist.

---

*) „Dieses ist der uralte Name, den man am Nieder=
 „Rhein der Ephemera giebt, die Schwammerdam und
 „Reaumür beschrieben haben, und davon Millionen in
 „ganzen Wolken auf der Aare, am Rhein und an der

     Ω

Aber nur Geistern duftet die Blüthe der Hofnung, nur
Geister
90   Kosten des heiligen Danks lebenerhöhende Frucht.
Dank Allseliger Dir! Du schufst die Menschen zur
Freude.
Dank Allliebender Dir! daß du den Dank uns
erlaubst.

Die Jungfrau.

Sie nahet! sie nahet!
Ihr lächelt entgegen
95   Die Morgenröthe,
Und schüttelt vor Wonne
Ihr schimmernd Gefieder!
Es rauscht ihr Gefieder
Im glänzenden Meer!

Chor der Greise.

100Komm o stralender Bote des Unsichtbaren! es harret
Dein der Vögel, und dein feiernder Menschen
Gesang!

„Maaß sich in den heißesten Sommerabenden zeigen, die
„das Ziel ihres Lebens ausmachen, in so weit sie flie-
„gende Thiere sind." Ich habe dieses Wort vom unsterblichen Haller gelernt, und von ihm diese Anmerkung ge-
borgt. S. seine Antwort an Bodmer.

Die Jungfrau.

Ein kühlerer Schauer
Durchsäuselt die Luft,
Er rauschet im Meer
Und welzet hinan   105
Ans Felsengestade
Die Schimmer des Morgens.
So spielen die Lüfte
Mit schimmerndem Halse
Der sonnenden Taube.   110

Chor der Jünglinge.

Sie ist da! sie ist da! o Gesang
Preise den Herrn, der die Sonne schuf!
  Der auch uns, heil uns! schuf, und Gesang
  Der Lippe, Gedanken dem Geist, Liebe dem Her-
                    zen gab!

Chor der Jungfrauen.

Sie ist da! sie ist da! o Gesang   115
Preise den Herrn, der die Sonne schuf!
  Der den Thau lichthell sprengt, und Gesang
  Dem Vogel, und Thränen dem Blick, Thränen
                der Wonne gab!

Chor der kleinen Mädchen,

Schimmernde Tropfen
120   Beben an Blumen
Herrlich und schön!

Chor der Knaben.

Stralende Wogen
Rauschen an Felsen
Herrlich und schön!

Beide Chöre.

125   Thränen des Dankes
Beben am Auge
Lieblich dem Herrn!
Lallende Wonne
Feiernder Kinder
130   Höret der Herr!

Chor der Männer.

Alles jauchzet! Bienen entsummen der Rize des Felsen,
Und aus waldiger Höh steiget der Adler empor!

Chor der Weiber.

Säuglinge heben die Händchen im Morgenschimmer
erröthend,
Aus der Säuglinge Mund lallet dem Ewigen Lob!

Ein Greis.

Achtzig Sonnen   135
Hab' ich gesehen,
Zahllose Freuden
Tränkten mein Herz.
Dunkel umgiebt mich,
Diese Sonne   140
Seh' ich nicht mehr!
Aber ich fühle
Wärmenden Stral!
Aber ich höre
Rauschen das Meer!   145
Höre die Preise
Feiernder Chöre!
Weil ich noch athme,
Preis' ich den Herrn!

Chor der Jungfrauen.

Aus blinden Augen stürzet die Freude noch   150
Durch weiße Wimpern, wie aus des Felsen Kluft

Geschmolzner Schnee in hellen Tropfen
Träufelt herab auf des Thales Blume.

Chor der Greise.

Wer dir vertrauet, Herr, den verjüngest du
155 Mit neuer Kraft wie Adler! er hebet sich
    Empor wie Adler! seines Fittigs
    Stärke bist du, und er wird nicht sinken!

Eine Jungfrau.

    Es glänzet die Erde,
    Es stralet der Himmel,
160   Es schimmert das Meer,
    Und Leben durchsäuselt
    Die duftende Luft!

Ein Jüngling.

    Wer gängelt die Sonne
    Mit stralendem Bande?
165   Wer athmet die Hauche
    Der Freude? wer füllet
    Mit Liebe das Herz?

Chor der Männer.

Das thut der große Vater! Sein Auge schaut
Auf Millionen Sonnen und Erden! Er
    Erquickt das Gräschen, seines Odems   170
    Hauche beleben die Glut der Sonne.

Sein Auge schlummert nimmer! es hauchet stets
Sein Odem! Sonnen stürzeten sonst herab
    Wie welkes Laub im Sturm, des Lebens
    Ströme versiegten im Pful der Urnacht.   175

Verwehet wär die Freude wie Frühlingshauch,
Verwehet! Freude, die an dem Blumenblatt
    Den Wurm, den Engel in dem Himmel,
    Und an der Quelle den Menschen küsset.

Versunken wär die Seele der Lebenden,   180
Die Liebe, sie versunken! das Stralenband
    Der Sterne knüpfet sie, und liebend
    Sonnet der Mensch in der Liebe Gottes!

Ein Greis.

    Von allen Gemeinen
    Der seligen Insel   185
    Erschallet, o Vater,
    Dein hohes Lob!

Alle Chöre.

O höre sie alle!

Der Greis.

190
Von tausend Inseln,
Von tausend Vesten,
In tausend Zungen,
Erschallet, o Vater,
Dein hohes Lob!

Alle Chöre.

O höre sie alle!

Der Greis.

195
Was ist die Erde
Im Stralenmeere
Der großen Schöpfung?
Ein Tropfen am Eimer!
Es rauschen dein Lob
200
Die Stralenmeere
Der großen Schöpfung!

Alle Chöre.

Es rauschen dein Lob
Die Stralenmeere
Der großen Schöpfung!

Ein kleines Mädchen.

Sieht Gott auf den Tropfen am Eimer?　205
Vernimmt Er mit Gnade
Auch unser Lob?
Gedenket Er mein?

Der Greis.

So redet der Herr:
Kann auch ein Weib　　　　　　　210
Ihres Kindleins vergessen,
Daß sie nicht sich erbarme
Der Frucht ihres Leibes?
Und ob auch ein Weib
Ihres Kindleins vergäße,　　　　215
So wird doch der Herr
Nicht dein vergessen!
Nicht eines Wurmes
Vergißt der Herr!
Dich nennet Schwester　　　　　220
Des Ewigen Sohn!
Des Ewigen Sohn
Ward Mensch wie wir!

Alle Chöre.

Donnernd erschallt durch der Welten Kreis
Des Preises Gesang, der den Herrn erhebt!　225

Vater der Wesen, dein Lob tönt wie ein Meer,
Dennoch erschallt dürftig der Dank der den Herrn
erhebt.

Stürze hinab in den vollen Strom
Des Preises, der laut durch die Welten tönt,
230   Thräne des Menschen, auch dich schauet der Herr,
Höret auch dich fallen hinab in den lauten Strom!

Preis Dir, o Herr! daß du Leben uns,
Und Liebe zu Dir, ach zu Dir! uns gabst!
    Jauchzet Gesänge! tönt deß Lob, der uns gab
235   Leben, und uns Liebe zu Ihm, ach zu Ihm! uns gab!

Stürze hinab in den vollen Strom
Des Preises, der laut durch die Welten tönt,
    Thräne des Menschen, auch dich schauet der Herr!
Höret auch dich fallen hinab in den lauten Strom!

Leipzig,
gedruckt bei Christian Friedrich Solbrig.

Verbesserungen.

S. 70 Z. 5 vom Ende, mir l. wir.

S. 80 Z. 7 vom Ende, Poloponnes l. Peleponnes.

S. 87 Z. 9 Gebrrauch l. Gebrauch.

S. 113 Z. 8 Geisseln l. Geiseln (es sind hier nicht fla-
gella, sondern obsides.)

S. 115 Z. 8 Derselbe Druckfehler.

S. 129 Z. 7 sprachen l. sprechen.

S. 137 Z. 6 von unten, was, l. weß.

S. 140 Z. 14 Gemählte l. Gemählde.

S. 188 Vers 76 heut seid ihr Gäste, l. heut seid ihr die
Gäste.

S. 201 V. 299 zweisach l. zwiesach.